Corinna Kastl-Breitner • Elisabeth Schenk u. a.

Hüte & Kappen häkeln

Trend-Mode in großer Vielfalt für alle Anlässe

OZ creativ

VORWORT

Liebe Leserinnen, liebe Leser,

ist Ihnen das auch schon aufgefallen? Frau geht nicht mehr ohne! Originelle Hüte und Kappen sind ebenso praktisch wie schön. Und das Beste ist: Sie können diese Trendaccessoires ganz einfach selber machen.

Handarbeiten werden wieder neu entdeckt, gerade Häkeln ist ganz groß im Kommen. Machen Sie mit bei diesem „Boom“. Häkeln Sie edle Kopfbedeckungen für die Party, Strandkappen im maritimen Stil, verspielte Mützen oder Kopftücher mit Häkelblumen, hier findet jeder Kopf den „passenden Deckel“!

Lassen Sie sich durch die pfiffigen Ideen in diesem Buch auch zu tollen eigenen Kreationen anregen, Garne und Farben können zu immer neuen Modellen variiert werden.

Am Ende des Buches zeigen wir Ihnen, wie man richtig Maß nimmt, wie Sie den passenden Hut für Ihr Gesicht finden und welche Farben am besten zu Ihrem Typ passen. Wer lange nicht gehäkelt hat oder erst damit beginnen möchte, wird außerdem durch den Grundkurs Häkeln bestens eingeführt.

Und denken Sie daran, auch Ihre Freundinnen können Sie mit so einem selbst gefertigten Stück beglücken.

Viel Spaß beim Häkeln wünscht Ihr

OZ creativ-Team

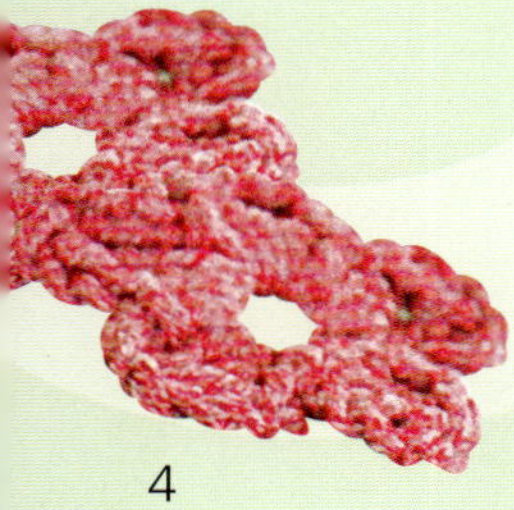

INHALT

✦ = leicht und schnell *✦✦ = mittlerer Aufwand* *✦✦✦ = etwas aufwändiger*

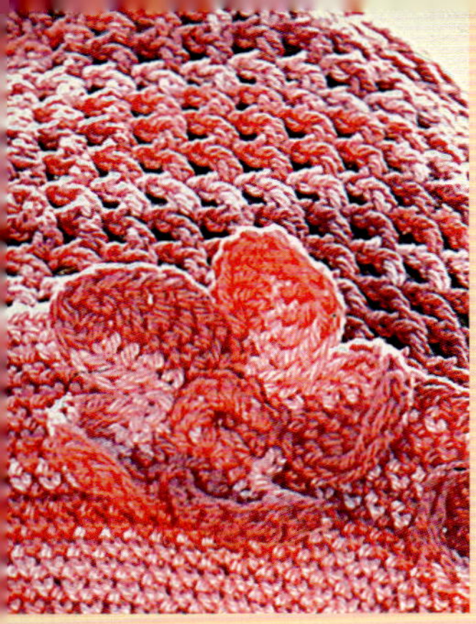

Blüten setzen Akzente: An die Hutkrempe werden drei Häkelblüten genäht – nach Wunsch auch mehr!

Rosarote Sommerträume

Dieser feminine Hut verführt zum Träumen! Von Blüten an der Hutkrempe wird das Gesicht bezaubernd umrahmt. Das ist die ideale Kopfbedeckung für Strand- oder Gartenparty, sie passt zum romantischen Streublümchenkleid genauso wie zu Top und Caprihose.

Sommerhut mit Blüten

Größe
Kopfumfang ca. 50 cm
Schwierigkeitsgrad
◆◆

MATERIAL

- „Catania Color" von Schachenmayr (100 % Baumwolle, Lauflänge 125 m/ 50 g): 150 g Rosa-Pink meliert 30
- Garn in Kontrastfarbe
- Häkelnadel Nr. 3,5
- Stopfnadel
- Schere
- Schale o. ä. Gefäß für die Hutform

SO WIRD ES GEMACHT

Die Kopfform wird im **Filetmuster** in Runden gearbeitet. Dazu wird auf 1 Luftmaschenkette wie folgt gearbeitet:
1. Runde: 3 Luftmaschen als Ersatz für das 1. Stäbchen, 1 Luftmasche, 1 Luftmasche der Anschlag-Runde übergehen. * 1 Stäbchen in die folgende Luftmasche, 1 Luftmasche, 1 Luftmasche der Anschlagrunde übergehen *, von * bis * stets wiederholen. Diese und jede folgende Runde mit 1 Kettmasche in die oberste Luftmasche des 1. Stäbchens schließen.
2. Runde: 3 Luftmaschen als Ersatz für das 1. Stäbchen, 1 Luftmasche, * 1 Stäbchen in das nächste Stäbchen, 1 Luftmasche*, von * bis * stets wiederholen. Die 2. Runde stets wiederholen.
Als Erstes 120 Luftmaschen anschlagen, mit einer Kettmasche zum Ring schließen und im Filetmuster häkeln, es entstehen 60 Filetkaros. Nach 10 Runden ab Anschlag das 10. Karo, dann 3-mal jedes 15. Karo mit einem Kontrastfaden markieren. In der folgenden Runde für die Abnahme der Hutform über jedem markierten Karo 2 Stäbchen zusammen abmaschen, d. h. jedes Stäbchen bis auf die letzte Schlinge abmaschen, dann mit einem neuen Umschlag alle auf der Nadel befindlichen Schlingen zusammen abmaschen; es bleiben 56 Filetkaros. Diese Abnahme über den gleichen Stellen noch 9-mal in jeder folgenden Runde wiederholen, es bleiben 20 Filetkaros. In den folgenden beiden Runden stets abwechselnd 2 Filetkaros zusammen abmaschen, 1 Luftmasche häkeln, es bleiben 5 Filetkaros. Nun am Rundenbeginn 2 Luftmaschen häkeln, dann in das folgende Stäbchen ein bis auf die letzte Schlinge abgemaschtes Stäbchen häkeln, dann den Faden durch die beiden Schlingen auf der Nadel ziehen. Den Faden abschneiden und damit die Maschen der letzten Runde zusammenziehen.
Nun **für die Hutkrempe** feste Maschen in Runden häkeln. Dafür den Faden am Anschlagrand anschlingen. 1 Luftmasche zusätzlich und 112 feste Maschen häkeln. Diese und jede folgende Runde mit 1 Kettmasche in die 1. feste Masche schließen. In der 4., 8., 12. und 16. Runde gleichmäßig verteilt 16-mal je 2 feste Maschen in 1 feste Masche häkeln (176 Maschen). Nach ca. 8 cm, d. h. 20 Runden, den Faden durch die Schlinge ziehen, abschneiden und vernähen.
Zum Abschluss den Hut über einem passenden Gefäß (z. B. einer Schale) spannen, anfeuchten und trocknen lassen.
Für eine Blüte 5 Luftmaschen anschlagen, mit einer Kettmasche zum Ring schließen und gemäß Häkelschrift arbeiten. Jede Runde mit 1 Kettmasche in die entsprechenden Anfangsmaschen schließen. Die 2. Runde den Pfeilen folgend häkeln. Auf diese Weise drei Blüten fertigen.
Die vordere Hutkrempe nach außen schlagen und gemäß Foto die drei Blüten annähen.

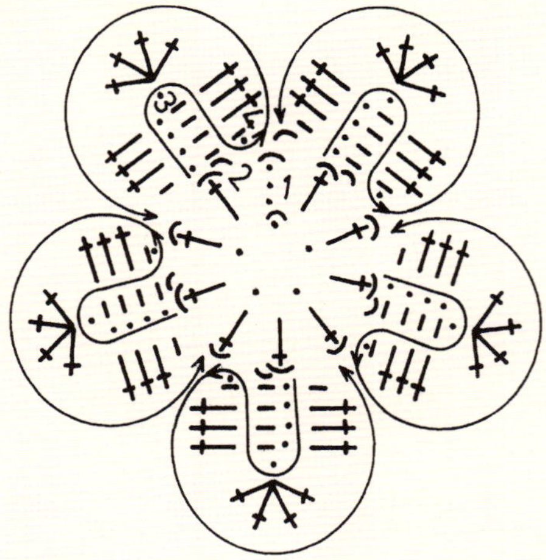

Zeichenerklärung:
- · **Luftmasche**
- ◠ **Kettmasche**
- ı **feste Masche**
- T **halbes Stäbchen**
- † **Stäbchen**
- ⟶ **Häkelrichtung**

Die Mischung macht's: Die Mütze wird gehäkelt, der attraktive Rand wird angestrickt

Kappe in Pastelltönen

Größe

Kopfumfang 50 bis 56 cm

Schwierigkeitsgrad

◆◆

Leicht und leger

Diese sportliche Mütze in frischen Farbtönen passt perfekt zur Jeansmode, garantiert auch an trüben Tagen gute Stimmung und ist superschnell gearbeitet. Hier wird sowohl gehäkelt als auch gestrickt.

MATERIAL

- „Linie 119" von ONline (70 % Baumwolle, 30 % Polyester, Lauflänge 125 m/50 g): 50 g Gelb 04, 50 g Türkis 06, 50 g Grün 07, 50 g Meliert 103
- Häkelnadel Nr. 5
- Nadelspiel Nr. 4,5
- Stopfnadel
- Schere

SO WIRD ES GEMACHT

In Gelb 5 Luftmaschen zum Kreis schließen.

1. Runde: 10 Stäbchen in den Kreis arbeiten und mit 1 Kettmasche schließen.

2. Runde: 3 Luftmaschen und 1 Luftmasche, dann 7-mal * 1 Stäbchen, 2 Luftmaschen *, enden mit 1 Kettmasche in die 1. Masche.

3. Runde: 3 Luftmaschen, * 2 Stäbchen in den Luftmaschenbogen, 1 Stäbchen auf das Stäbchen, 3 Stäbchen in den Luftmaschenbogen, 1 Stäbchen auf das Stäbchen *, von * bis * wiederholen, enden mit 1 Kettmasche in die 1. Masche.

4. Runde: 4 Luftmaschen, 1 Masche übergehen * 1 Stäbchen, 2 Luftmaschen, 1 Masche übergehen *, von * bis * wiederholen, enden mit 1 Kettmasche in die 1. Masche.

5. Runde: Wie 3. Runde arbeiten.

6. Runde: Farbwechsel zu Grün. Wie 4. Runde arbeiten.

7. Runde: 3 Luftmaschen, * 1 Stäbchen, 2 Stäbchen in Luftmaschenbogen *, von * bis * wiederholen.

8. Runde: Farbwechsel zu Türkis. 4 Luftmaschen, 1 Stäbchen übergehen, * 1 Stäbchen, 1 Luftmasche, 1 Stäbchen übergehen *, von * bis * wiederholen, enden mit 1 Kettmasche in die 1. Masche.

9. Runde: 3 Luftmaschen, * 1 Stäbchen in Luftmaschenbogen, 1 Stäbchen auf Stäbchen *, von * bis * wiederholen, enden mit 1 Kettmasche in die 1. Masche.

10. Runde: Farbwechsel zu Gelb. Wie 8. Runde arbeiten.

11. Runde: Wie 9. Runde häkeln.

12. Runde: Farbwechsel zu Grün. Wie 8. Runde arbeiten.

13. Runde: Wie 9. Runde häkeln.

14. Runde: Farbwechsel zu Türkis. Wie 8. Runde arbeiten.

15. Runde: Wie 9. Runde häkeln.

16. Runde: Farbwechsel zu Gelb. Wie 8. Runde arbeiten.

17. Runde: Wie 9. Runde häkeln.

Nun mit dem Nadelspiel 84 Maschen in Meliert aufnehmen. Wie folgt in Reihen stricken:

1. Reihe: Randmasche, * 2 Maschen rechts, 1 Umschlag, 1 Überzug (1 Masche abheben, 1 Masche rechts stricken und die abgehobene Masche darüber ziehen) *, von * bis * wiederholen.

2. Reihe: Randmasche, * 2 Maschen links, 1 Umschlag, 2 Maschen links zusammenstricken*, von * bis * wiederholen.

6 Reihen im Muster stricken. Anschließend 5 Reihen 2 Maschen rechts, 2 Maschen links im Wechsel stricken, dann die Maschen abketten. Die Naht schließen. Alle Fäden von innen vernähen.

TIPP

Wer nicht gern stricken möchte, kann die Mütze auch wie folgt beenden: 1 Runde feste Maschen, 1 Runde Doppelstäbchen und wieder 1 Runde feste Maschen. Aus meliertem Garn ein schmales Band häkeln und dann durch die Doppelstäbchen ziehen. Eine Schleife binden.

Wochenend & Sonnenschein

Jetzt kann der Sommer kommen, der Hut ist schon da! Er lässt sich mal frisch mit einem hellblauen Band, mal edel mit einem weißen ausstatten. Zu einem beschwingten Sommerkleid ist er ebenso gut zu tragen wie zu Top und Jeans.

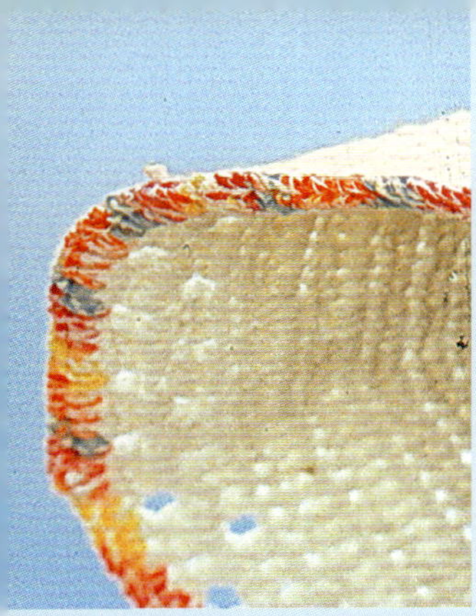

Papierdraht und Sprühstärke geben der Krempe den nötigen Halt

Sonnenhut

Größe

Kopfumfang 58 bis 60 cm

Schwierigkeitsgrad

◆◆◆

Ein weißes Band wirkt neutral und passt zu jedem Outfit

MATERIAL

- „Twostep" von Schachenmayr (53 % Microfaser, 47 % Baumwolle, Lauflänge 85 m/50 g): 100 g Sommer color 81
- „Twostep" von Schachenmayr (53 % Microfaser, 47 % Baumwolle, Lauflänge 85 m/50 g): 100 g Natur 02
- Häkelnadel Nr. 3,5
- Satinband in Hellblau, 3–4 cm breit, ca. 1,5–2 m
- Papierdraht, farblich passend, 1 m
- Sprühstärke
- Bügeleisen
- Stopfnadel
- Schere

SO WIRD ES GEMACHT

Gemäß Häkelschrift in Sommer color beginnen, in der **6. und 7. Runde** ohne Zunahme häkeln.

8. Runde: Nach jedem 5. Block (3 Stäbchen, 1 Luftmasche) erfolgt 1 Zunahme.

9. bis 14. Runde: Nicht zunehmen.

15. Runde: Statt Stäbchen Doppelstäbchen häkeln, dann kann das Satinband auch durchgezogen werden.

16. und 17. Runde: Nur feste Maschen häkeln.

Nun beginnt der naturfarbene Rand, dafür in der **1. Runde** feste Maschen häkeln, nur in die vordere Hälfte der Masche stechen, jede 10. Masche verdoppeln.

In der **2. Runde** jede 10. Masche verdoppeln.

In der **3. Runde** jede 10. Masche verdoppeln.

4. Runde: Halbe Stäbchen häkeln und jede 6. Masche verdoppeln.

5. Runde: Stäbchen häkeln und jede 10. Masche verdoppeln.

6. und 7. Runde: Stäbchen häkeln und jede 15. Masche verdoppeln.

8. Runde: Ohne Zunahme häkeln, * 3 Stäbchen, 1 Luftmasche *, von * bis * fortlaufend wiederholen.

9. Runde: Wie Runde 8 ohne Zunahme häkeln, den Block (3 Stäbchen, 1 Luftmasche) versetzt arbeiten, d. h. die 3 Stäbchen in die Luftmasche der Vorrunde häkeln.

10. Runde: In Sommer color feste Maschen ohne Zunahme arbeiten und dabei den Papierdraht umhäkeln. Für einen besseren Stand der Hutkrempe diese gut mit Sprühstärke einsprühen und vorsichtig bügeln, bis die gewünschte Härte erreicht ist, eventuell über Nacht zum Trocknen liegen lassen.

TIPP

Wenn statt der Doppelstäbchen in der 15. Runde Dreifachstäbchen gearbeitet werden, kann ein Chiffontuch oder Chiffonschal durchgezogen werden, das wirkt sehr elegant.

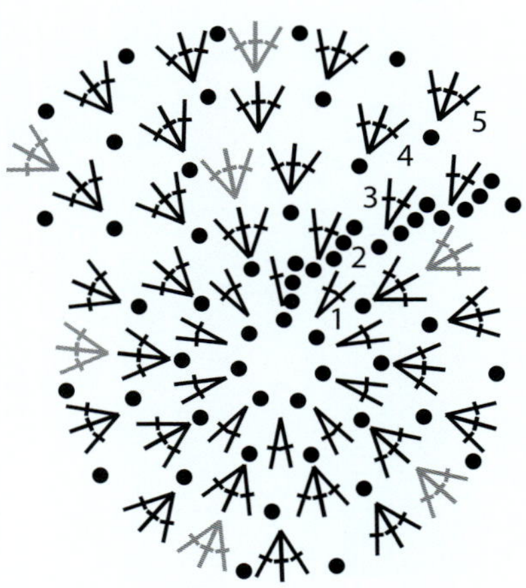

Zeichenerklärung:

- ● Luftmasche
- ▮ feste Masche
- † Stäbchen

Zunahmen in Grau

Das Bindeband wird quer zum Kopftuch gehäkelt, so kann es nicht verziehen

Highlight in Weiß

Kopftücher sind angesagt! Die Zeiten sind vorbei, in denen es nur vor Wind und Wetter schützen sollte und vor allem Kinderköpfe zierte. Längst ist das Kopftuch zum beliebten Begleiter des Freizeit- und Partyoutfits geworden.

Kopftuch mit Bindeband

Größe
Einheitsgröße
Schwierigkeitsgrad
◆

MATERIAL

- „Catania" von Schachenmayr (100 % Baumwolle, Lauflänge 125 m/50 g): 50 g Weiß 106
- Häkelnadel Nr. 2,5 bis 3,5
- Stopfnadel
- Schere

SO WIRD ES GEMACHT

Zunächst **für das Bindeband** 4 Luftmaschen und 3 Wendeluftmaschen anschlagen und nach der Häkelschrift in Pfeilrichtung arbeiten. Dabei die 1. und 2. Reihe stets wiederholen, d. h. immer abwechselnd 3 Stäbchen, 3 Luftmaschen auf das letzte Stäbchen, 3 Luftmaschen, 3 Stäbchen häkeln. So entstehen auf der einen Seite des Bandes geeignete Zwischenräume, in die das Kopftuch eingehäkelt wird. Nach etwa 68 cm Bandlänge die Arbeit mit einer 1. Reihe beenden.

Für das Tuch über den mittleren 51 Reihen des Bandes das Karomuster nach der Häkelschrift in Pfeilrichtung anhäkeln. **Das Karomuster** besteht aus 3 Stäbchen und 1 Luftmasche, die Stäbchen werden immer über die Luftmasche der Vorreihe gearbeitet.

In der 1. Reihe das Muster sinngemäß weiterarbeiten, bis die 51 Reihen des Bandes behäkelt sind. Gemäß Häkelschrift fortfahren, dabei in jeder Reihe beidseitig je 1 Karo abnehmen. Nach 26 Reihen Karomuster die Arbeit beenden. Die Fäden vernähen und abschneiden.

TIPP

Natürlich sieht das Kopftuch nicht nur in Weiß, sondern auch in jeder anderen Farbe gut aus. Als verspielte Variante kann auch gut eine Häkelblüte (siehe Seite 6) in Kontrastfarbe aufgenäht werden.

In Glanzgarn hergestellt und mit einigen Rocailles bestickt wird das Kopftuch zu einer eleganten Kopfbedeckung für den Abend.

Zeichenerklärung:
▲ **Kettmasche**
▪ **Luftmasche**
Ŧ **Stäbchen**

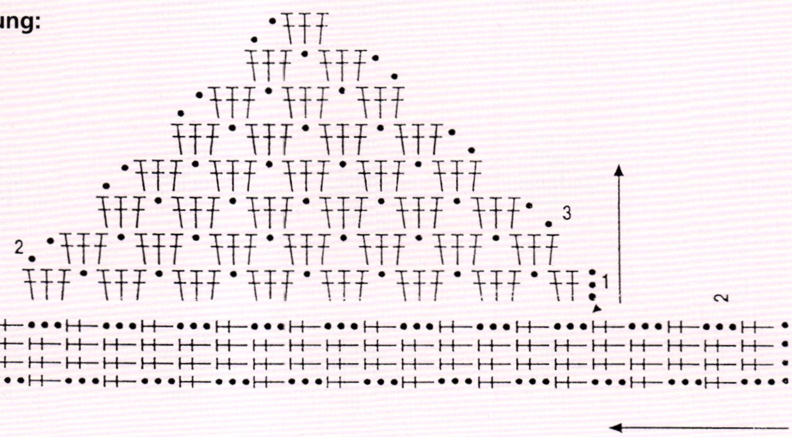

Die Reliefstäbchen-Reihen teilen die Mütze in einzelne Segmente

Ballonschirmmütze

Größe

Kopfumfang 54 bis 58 cm

Schwierigkeitsgrad

◆◆

Alle Wetter!

Diese Allround-Mütze sieht nicht nur toll aus, sie hält auch schön warm. Regen oder Schnee machen ihr nichts aus. Der Schirm ist ein guter Blendschutz. Für einen festen Sitz sorgt das eingezogene Gummiband.

MATERIAL

- „Boston Multi Color" von Schachenmayr (70 % Polyacryl, 30 % Schurwolle, Lauflänge 55 m/50 g): 150 g Rost-Natur meliert 184
- Häkelnadel Nr. 7
- Mützenschild aus Plastik (oder Form aus einem Stück Plastik zuschneiden)
- Gummiband in Kopfweite
- Stopfnadel
- Schere

SO WIRD ES GEMACHT

Bei dieser Mütze werden die Stäbchen nur in das hintere Maschenglied der Vorreihe gehäkelt. Neben diesen Stäbchen werden auch Reliefstäbchen gearbeitet. Reliefstäbchen sind Stäbchen, bei denen die Häkelnadel waagerecht von vorn um ein Stäbchen der Vorreihe eingestochen wird.

Für das Kopfteil 54 Luftmaschen anschlagen und mit einer Kettmasche zur Runde schließen.

1. Runde: 3 Luftmaschen als Ersatz für das 1. Stäbchen, je 1 Stäbchen in jede folgende Luftmasche häkeln, das sind 54 Stäbchen. Diese Runde und jede folgende Runde mit 1 Kettmasche in die 3. Anfangsluftmasche schließen.

2. Runde: 3 Luftmaschen als 1. Stäbchen, je 1 Stäbchen in die folgenden 3 Stäbchen, dabei nur in das hintere Maschenglied einstechen. 1 Reliefstäbchen um das Stäbchen der Vorreihe häkeln, * je 1 Stäbchen in die folgenden 8 Stäbchen, 1 Reliefstäbchen um das folgende Stäbchen*, von * bis * 4-mal wiederholen, je 1 Stäbchen in die letzten 4 Stäbchen, immer nur in das hintere Maschenglied einstechen.

Die 2. Runde stets wiederholen, dabei die Reliefstäbchen um die Reliefstäbchen der Vorrunde arbeiten.

3. Runde: Zunehmen, vor jedem Reliefstäbchen 2 Stäbchen in eine Einstichstelle arbeiten (60 Maschen).

4. Runde: Nicht zunehmen.

5. Runde: Nach jedem Reliefstäbchen stets 2 Stäbchen in eine Einstichstelle arbeiten (66 Maschen).

6. Runde: Nicht zunehmen.

7. Runde: Wie folgt abnehmen, vor und nach jedem Reliefstäbchen je 1 Stäbchen überspringen (54 Maschen).

8. Runde: Nicht abnehmen.

9. Runde: Wie die 7. Runde arbeiten (42 Maschen).

10. Runde: Nicht abnehmen.

11. Runde: Wie die 7. Runde arbeiten (30 Maschen).

12. Runde: Wie die 7. Runde arbeiten (18 Maschen).

13. Runde: 3 Luftmaschen als 1. Stäbchen, um jedes Reliefstäbchen der Vorrunde 1 Reliefstäbchen arbeiten, die Stäbchen überspringen. Danach die Reliefstäbchen mit dem Arbeitsfaden zusammenziehen und Faden vernähen.

Das Schirmteil zweimal fertigen. 20 Luftmaschen und 3 Wendeluftmaschen anschlagen und wie folgt arbeiten:

1. Reihe: 1 Stäbchen in die 5. Luftmasche von der Nadel aus häkeln, die 3 Wendeluftmaschen gelten als 1. Stäbchen, je 1 Stäbchen in jede folgende Luftmasche häkeln (20 Stäbchen).

2. Reihe: Mit 1 Luftmasche wenden, 1 feste Masche in das 1. Stäbchen, je 1 Stäbchen in die folgenden 18 Stäbchen, 1 feste Masche in das letzte Stäbchen häkeln.

3. Reihe: Wenden, mit Kettmasche zum 1. Stäbchen vorgehen, 1 feste Masche in das 2. Stäbchen der Vorrunde, je 1 Stäbchen in die folgenden 14 Stäbchen, 1 feste Masche in das nächste Stäbchen, 1 Kettmasche in das letzte Stäbchen häkeln.

4. Reihe: Wenden, mit Kettmasche zur festen Masche vorgehen, 1 feste Masche in das 1. Stäbchen der Vorrunde, je 1 Stäbchen in die folgenden 12 Stäbchen, 1 feste Masche in das letzte Stäbchen, enden mit 1 Kettmasche in die feste Masche.

Beide Schirmteile durch 1 Reihe feste Maschen zusammenhäkeln, den Anschlagrand zunächst offen lassen und den Plastikschild einlegen. Schild an der 2. Runde des Kopfteils befestigen, dabei sollte ein Reliefstäbchen in der vorderen Mitte des Schildes liegen. Die 1. Runde mit einigen Stichen nach innen säumen und Gummiband in gewünschter Weite einziehen.

Die einzelnen Quadrate werden durch Kettmaschen verbunden

Kappe in Weiß

Größe

Kopfumfang 54 bis 58 cm

Schwierigkeitsgrad

◆◆

Schick für jeden Anlass

Ob zum luftigen geblümten Sommerkleid in Pastell oder aber zu T-Shirt und Leinenhose für den Einkaufsbummel, diese Mütze passt immer. Natürlich kann sie auch zum weißen Strickensemble getragen werden oder als i-Tüpfelchen zum roten Blazer.

MATERIAL

- „California" von Gedifra (55 % Baumwolle, 45 % Polyacryl, Lauflänge 95 m/50 g): 100 g Weiß 3103
- Häkelnadel Nr. 4,5 bis 5
- Stopfnadel
- Schere

SO WIRD ES GEMACHT

Zuerst **die Deckplatte** häkeln: 12 Luftmaschen anschlagen mit einer Kettmasche zum Ring schließen. Gemäß Häkelschrift die 1. bis 8. Runde arbeiten, dabei beginnt jede Runde mit 1 bzw. 3 Ersatzluftmaschen für die 1. feste Masche bzw. das 1. Stäbchen und endet mit 1 Kettmasche in die oberste Ersatzluftmasche.

Jetzt **für ein Häkelquadrat** 8 Luftmaschen anschlagen und mit 1 Kettmasche zum Ring schließen. In Runden weiterarbeiten, dabei beginnt die 1. Runde mit 4 und die 3. und 4. Runde mit je 1 Luftmasche als Ersatz für das 1. Doppelstäbchen bzw. die 1. feste Masche, und alle Runden enden mit einer Kettmasche in die oberste Ersatzluftmasche bzw. bei der 2. Runde in die 1. Luftmasche.

1. Runde: * 5 Doppelstäbchen, 3 Luftmaschen *, von * bis * 3-mal wiederholen.

2. Runde: * Für die Ecke 9 Luftmaschen, um den Luftmaschenbogen 4 feste Maschen häkeln *, von * bis * 3-mal wiederholen.

3. Runde: Auf jede feste Masche und jeden Luftmaschenbogen 10 feste Maschen häkeln.

4. Runde: Feste Maschen arbeiten.

Auf diese Weise insgesamt sieben Häkelquadrate fertigen.

Die Häkelquadrate mit Kettmaschen zusammenhäkeln, dann eine Kante mit Kettmaschen an die Deckplatte häkeln. Auf die untere Kante **das Blendenmuster** anschließen.

Dazu in Runden arbeiten, dabei jede Runde mit 1 Ersatzluftmasche für die 1. feste Masche beginnen und mit 1 Kettmasche in die Ersatzluftmasche enden.

1. Runde: * 1 feste Masche, 5 Luftmaschen, 3 Maschen übergehen *, von * bis * 26-mal wiederholen.

2. Runde: In jeden Luftmaschenbogen 2 feste Maschen, 1 Picot (d. h. 3 Luftmaschen und 1 feste Masche zusammen in die Luftmasche) und 2 feste Maschen häkeln.

TIPP

Werden die Blüten in den Häkelquadraten in einer anderen Farbe oder mit Effektgarn gearbeitet, entsteht eine neue Kappen-Kreation.

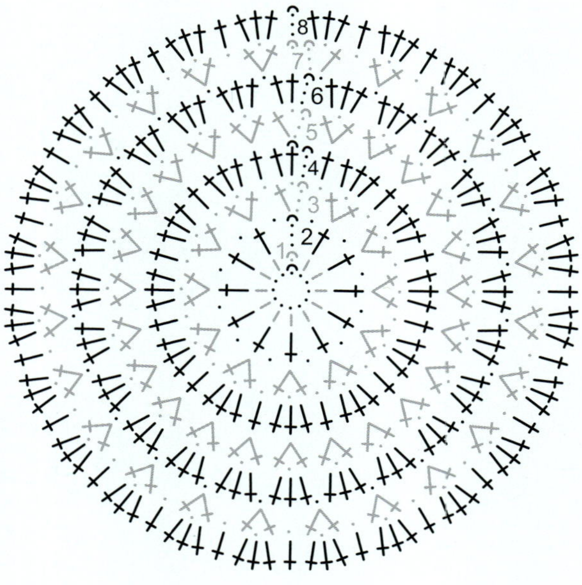

Zeichenerklärung:
- · Luftmasche
- ⌒ Kettmasche
- I feste Masche
- † Stäbchen

Alles schlägt Wellen – nicht nur das Muster, auch die Krempe

Strandhut

Größe

Kopfumfang von 55 bis 57 cm

Schwierigkeitsgrad

◆◆◆

Wellenreiter

Dieses maritime Modell ist das Richtige für Ihren nächsten Urlaub. Wo soll es hingehen? Ob Wellenreiten an der Nordsee oder Muschelsuche am Mittelmeer – der Hut sitzt auch bei steifer Brise fest auf dem Kopf.

MATERIAL

- „Favola" von Austermann (60 % Baumwolle, 40 % Polyamid, Lauflänge 150 m/50 g): 50 g Blau 04, 50 g Rot 03 und 50 g Weiß 01
- Häkelnadel Nr. 5,5
- Stopfnadel
- Schere

SO WIRD ES GEMACHT

Für den Deckel ein flaches Rund mit festen Maschen häkeln: Mit Weiß beginnen und 4 Luftmaschen häkeln, mit 1 Kettmasche zu einem Ring schließen. Es folgen 8 feste Maschen in den Ring, mit 1 Kettmasche die Runde schließen, 1 Luftmasche häkeln, und nun in jede folgende Masche je 2 feste Maschen häkeln. Zum Schließen der Runden stets 1 Kettmasche in die Luftmasche vom Anfang häkeln. Nach zwei Runden stets die Farben wechseln, dafür die Kettmasche schon in der neuen Farbe ausführen, das ergibt einen schöneren Übergang.
Pro Runde, wie folgt, weiter zunehmen:
1 Luftmasche und in jede 2. Masche 2 Maschen häkeln, Kettmasche, 1 Luftmasche, in jede 3. Masche 2 Maschen häkeln, Kettmasche, 1 Luftmasche, in jede 4. Masche 2 Maschen häkeln, 1 Luftmasche, in jede 5. Masche 2 feste Maschen häkeln.
Weiter im Kreis zunehmen, dabei die Farben wechseln und beachten, dass die Zunahmen versetzt zueinander stehen, das ergibt einen schöneren Kreis. In der 14. Runde sollten insgesamt 84 Maschen erreicht sein.
Im Wellenmuster weiterhäkeln, die Runden ohne Kettmasche abschließen, d. h. immer spiralförmig im Kreis häkeln. Hier auch jeweils nach zwei Reihen die Farben wechseln.
Wellenmuster gemäß Häkelschrift 1 häkeln:
1. Reihe: * 1 feste Masche, 2 halbe Stäbchen, 2 Stäbchen, 3 Doppelstäbchen, 2 Stäbchen, 2 halbe Stäbchen, 2 feste Maschen *, fortlaufend bis zum Rundenende wiederholen.
2. Reihe: Feste Maschen häkeln bis zum Rundenende. Farbe wechseln.
3. Reihe: 1 feste Masche, 3 Luftmaschen, * 2 Stäbchen, 2 halbe Stäbchen, 3 feste Maschen, 2 halbe Stäbchen, 2 Stäbchen, 3 Doppelstäbchen, * fortlaufend wiederholen, mit 2 Doppelstäbchen enden.
4. Reihe: Wie die 2. Reihe häkeln.
Farbe wechseln.
5. Reihe: * 1 feste Masche, 2 halbe Stäbchen, 2 Stäbchen, 3 Doppelstäbchen, 2 Stäbchen, 2 halbe Stäbchen, 2 feste Maschen *, fortlaufend wiederholen.
6. Reihe: Wie die 2. Reihe häkeln.
Auf diese Weise 20 Reihen häkeln.
Weiterhäkeln, die Zunahmen gemäß Häkelschrift 2 vornehmen, d. h. in den Stäbchenreihen immer in den Doppelstäbchengruppen und in den Reihen der festen Maschen immer über den festen Maschen der Vorreihe zunehmen. Nach weiteren acht Reihen mit einer Kettmasche das Rund schließen, Faden abschneiden und alle Fäden gut vernähen.

Zeichenerklärung:

- · Luftmasche
- ı feste Masche
- T halbes Stäbchen
- † Stäbchen
- ǂ Doppelstäbchen

Zunahmen in Grau

Häkelschrift 1

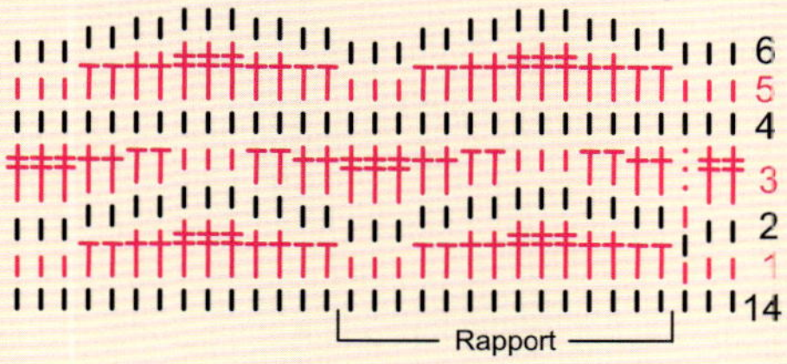

Häkelschrift 2

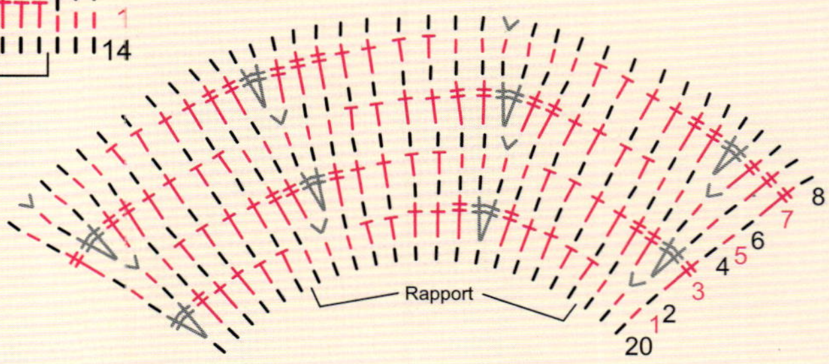

Aparter Blickfang der schwarzen Netzkappe ist das ornamentale Blendenmuster

Netzkäppchen in Schwarz

Größe

Kopfumfang 55 bis 57 cm

Schwierigkeitsgrad

◆◆◆

Edel und exklusiv

So ein zartes Häkelkäppchen mit wunderschönem filigranem Blendenmuster gehört einfach zum „kleinen Schwarzen". Zum klassischen Hosenanzug bringt es die weibliche Note ins Spiel.

MATERIAL

- „Limone" von Schoeller + Stahl (100 % Baumwolle, Lauflänge 125 m/ 50 g): 50 g Schwarz 24
- Häkelnadel Nr. 3,5
- Stopfnadel
- Schere

SO WIRD ES GEMACHT

Als Grundmuster wird hier ein **Filetgitter** gehäkelt. Dazu 1 Stäbchen und 2 Luftmaschen im Wechsel häkeln, dabei jede Runde mit 3 Luftmaschen als Ersatz für das 1. Stäbchen beginnen und mit 1 Kettmasche in die 3. Anfangsluftmasche beenden.
Die Zunahmen 1 Stäbchen und 2 Luftmaschen werden um die Luftmaschen des entsprechenden Gitters der Vorrunde gehäkelt.
Als Erstes 4 Luftmaschen anschlagen und mit einer Kettmasche zur Runde schließen.
1. Runde: * 1 Stäbchen, 2 Luftmaschen*, von * bis * 7-mal wiederholen, 1 Kettmasche in die 3. Anfangsluftmasche häkeln.

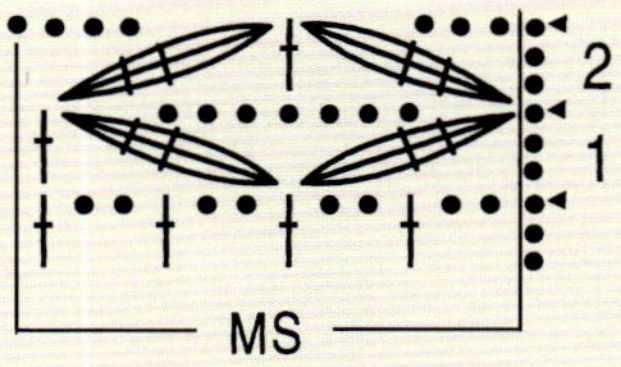

Zeichenerklärung:
◂ **Kettmasche**
• **Luftmasche**
Stäbchen
3 zusammen abgemaschte Doppelstäbchen, 1 Luftmasche
MS Mustersatz

2. Runde: 1 Stäbchen, 2 Luftmaschen, * 1 Stäbchen um die Luftmasche der Vorrunde, 2 Luftmaschen, 1 Stäbchen auf das Stäbchen der Vorrunde, 2 Luftmaschen *, von * bis * 6-mal wiederholen, 1 Stäbchen um die Luftmasche der Vorrunde, 2 Luftmaschen arbeiten (16 Gitter).
3. Runde: Auf jedes 2. Gitter 1 Zunahme häkeln (24 Gitter).
4. Runde: Grundmuster ohne Zunahmen häkeln.
5. Runde: Auf jedes 3. Gitter 1 Zunahmehäkeln (32 Gitter).
6. Runde: Grundmuster ohne Zunahmen häkeln.
7. Runde: Auf jedes 4. Gitter 1 Zunahme häkeln (40 Gitter).
8. Runde: Grundmuster ohne Zunahmen arbeiten.
9. Runde: Auf jedes 5. Gitter 1 Zunahme häkeln (48 Gitter).
10 Runde: Grundmuster ohne Zunahmen häkeln.
11. Runde: Auf jedes 6. Gitter 1 Zunahme häkeln (56 Gitter).
12. Runde: Grundmuster ohne Zunahmen arbeiten.
13. Runde: Auf jedes 7. Gitter 1 Zunahme häkeln (64 Gitter).
14. bis 16. Runde: Grundmuster ohne Zunahmen arbeiten.
17. bis 24. Runde: Blendenmuster gemäß Häkelschrift arbeiten, die 1. und 2. Runde stets wiederholen.
25. Runde: Feste Maschen häkeln, dabei mit 1 Luftmasche als Ersatz für die 1. feste Masche beginnen und mit 1 Kettmasche schließen.

TIPP

Für Bräute, die eine Alternative zum Schleier suchen, ist dieses edle Modell ideal. Dazu einfach in weißem Seidengarn oder in Glanzgarn arbeiten.

Für den Knopf eine Luftmaschenkette zur Schnecke legen

Baseballcap

Größe

Kopfumfang ca. 58 cm

Schwierigkeitsgrad

◆◆

Maritimes Flair

Flott und burschikos – diese Schirmmütze eignet sich für kleine Jungs genauso wie für große Mädchen. Das Modell ist besonders praktisch für Sport und Freizeit, denn der angehäkelte Schirm bietet Sonnenschutz für die Augen.

MATERIAL

- „Catania Color" von Schachenmayr (100 % Baumwolle, Lauflänge 125 m/50 g): 100 g Atlantik 52
- „Catania" von Schachenmayr (100 % Baumwolle, Lauflänge 125 m/50 g): 50 g Azur 174
- Häkelnadel Nr. 2,5
- Stopfnadel
- Schere

SO WIRD ES GEMACHT

Mit einer Fadenschlinge beginnen, eine Luftmasche häkeln, 8 feste Maschen in die Schlinge häkeln, die Schlinge nun zusammenziehen.

1 Kettmasche in die 1. feste Masche häkeln. Die Mütze wird komplett nur mit festen Maschen gehäkelt.

2. Runde: Jede Masche verdoppeln.

3. Runde: Jede 2. Masche verdoppeln.

4. Runde: Jede 4. Masche verdoppeln.

5. Runde: Die 1. und jede 5. Masche verdoppeln.

6. Runde: Jede 6. Masche verdoppeln.

7. Runde: Jede 7. Masche verdoppeln.

8. Runde: Jede 8. Masche verdoppeln.

9. Runde: Ohne Zunahme häkeln.

10. Runde: Jede 9. Masche verdoppeln.

11., **13.**, **15.**, **17.** und **19. Runde:** Ohne Zunahme häkeln.

12. Runde: Jede 10. Masche verdoppeln.

14. Runde: Jede 11. Masche verdoppeln.

16. Runde: Jede 12. Masche verdoppeln.

18. Runde: Jede 13. Masche verdoppeln.

20. Runde: Jede 14. Masche verdoppeln.

Weiter in allen ungeraden Runden ohne Zunahme häkeln. In den geraden Runden die entsprechenden Maschen weiter verdoppeln, bis jede 25. Masche verdoppelt ist.

Noch weitere 5 Reihen ohne Zunahme häkeln.

Für den Schirm die **1. Reihe** mit 65 Maschen häkeln, dabei nur in die vordere Hälfte der Maschen stechen.

2. Reihe: Jede 10. Masche verdoppeln. Am Rand in jeder Reihe 3 Maschen liegen lassen, eine Wendeluftmasche häkeln und die 1. feste Masche erst in die 2. feste Masche der Vorreihe stechen. Insgesamt 14 Reihen häkeln.

Die Mütze komplett mit festen Maschen umhäkeln.

Fäden abschneiden und vernähen.

Für den Knopf wird mit doppeltem Faden eine Luftmaschenkette von 40 Luftmaschen gehäkelt, diese dann zur Schnecke gelegt und zusammengenäht.

TIPP

Links und rechts des Schirms an der Mütze die Enden eines Schmuckkettchens so annähen, dass es auf dem Schirm aufliegt. Wer es bunt mag, kann den Knopf auch in einer anderen Farbe arbeiten oder mittig über dem Schirm eine Stoffapplikation (Wappen o. Ä.) aufnähen.

Für starke Auftritte

Ein hinreißender Blickfang für alle, die gern mal im Mittelpunkt stehen! In Rot wirkt es rassig und temperamentvoll, in Schwarz klassisch edel. Das leichte Netzwerk wird von einer Reihe aus festen Maschen begrenzt.

Tolles Netzwerk: Luftmaschen und Stäbchen ergeben die bildschöne Netzoptik

Kopftuch in Rot

Größe
Einheitsgröße
Schwierigkeitsgrad
◆◆

In Schwarz meliert wirkt das Kopftuch besonders elegant und festlich

MATERIAL

- „Ariadne" von Junghans-Wolle (100 % Polyamid, Lauflänge 150 m/50 g): 100 g Rot-Schwarz meliert 220-335 bzw. 100 g Schwarz-Weiß meliert 220-319
- Häkelnadeln Nr. 4 und 5
- Stopfnadel
- Schere

SO WIRD ES GEMACHT

Zunächst mit der Häkelnadel Nr. 5 arbeiten. 5 Luftmaschen anschlagen und mit einer Kettmasche zum Ring schließen. Nun in Reihen gemäß Häkelschrift im Grundmuster häkeln.
Die **1. bis 12. Reihe** 1-mal arbeiten, dann das Muster entsprechend fortsetzen und erweitern, dabei die Vierer-Stäbchengruppe in jeder 2. Reihe nach innen versetzen (siehe Reihe 10 und 12) sowie in der 20. und 30. Reihe beidseitig mit einer neuen Vierer-Stäbchengruppe beginnen (siehe 10. Reihe). Soll das Kopftuch noch größer gearbeitet werden, können auch in regelmäßiger Folge ein bis zwei Vierergruppen zusätzlich eingehäkelt werden. Jede Reihe beginnt mit den in der Häkelschrift eingezeichneten Wendeluftmaschen als Ersatz für das 1. Stäbchen bzw. Doppelstäbchen.

Nach 34 Reihen die 13. Reihe der Häkelschrift arbeiten.
Nun mit der Häkelnadel Nr. 4 noch 1 Reihe feste Maschen (14. Reihe der Häkelschrift) häkeln, dann enden (35,5 cm ab Anschlag).
Die Seitenkanten ebenfalls mit 1 Reihe feste Maschen behäkeln.
Den Faden vernähen.

TIPP

Wer Glanzeffekte mag, kann an der breiten Seite des Kopftuches ein paar farblich passende Pailletten aufsticken.
Nach gleichem Muster kann noch eine Hüftstola gearbeitet werden, dazu das Kopftuch durch Einhäkeln weiterer Vierer-Stäbchengruppen entsprechend erweitern. Die Stola wird seitlich auf einer Hüfte gebunden.
Kopftuch und Hüftstola wirken besonders cool, wenn sie mit Jeans kombiniert werden.

Als Tüpfelchen auf dem i werden blaue und weiße Perlen aufgenäht

Buntes Rastakäppchen

Größe

Kopfumfang 54 bis 58 cm

Schwierigkeitsgrad

◆◆

Lust auf Farben

Bunt gemustert – diese Kappe lässt sich wirklich zu allem tragen, am besten sieht sie aber zu einem schlichten, einfarbigen Outfit aus. Wer sie ganz im Stil der jamaikanischen Rastafaris tragen möchte, kann die gesamte Haarpracht darunter verstecken.

MATERIAL

- Baumwollgarn, mittelstark: je 50 g Blau, Grün, Orange, Schwarz, Gelb, Rot, Türkis
- Häkelnadel Nr. 3
- 12 Perlen in Blau
- 15 Perlen in Weiß
- Nähnadel, Nähgarn farblich passend
- Stopfnadel
- Schere

SO WIRD ES GEMACHT

Streifenfolge: * Je 1 Runde Stäbchen in Grün, Blau, Rot, Orange, Blau, Schwarz, Orange, Schwarz, Türkis und Schwarz *, von * bis * wiederholen.

7 Luftmaschen in Rot anschlagen und mit einer Kettmasche zur Runde schließen.

Dann wie folgt weiterarbeiten, dabei beginnt jede Runde mit 3 Wendeluftmaschen als Ersatz für das 1. Stäbchen und endet mit 1 Kettmasche.

1. Runde: 18 Stäbchen in den Luftmaschenring häkeln.

2. Runde: Farbwechsel zu Gelb. Jedes Stäbchen der Vorrunde verdoppeln.

3. Runde: Jedes 2. Stäbchen verdoppeln.

4. Runde: Jedes 3. Stäbchen verdoppeln.

5. Runde: Jedes 4. Stäbchen verdoppeln.

6. Runde: Abwechselnd jedes 4. und 5. Stäbchen verdoppeln, bis 110 Stäbchen gearbeitet sind.

7. Runde: In dieser Runde wird mit den Blütenblättern begonnen. Dafür wie folgt häkeln: * 21 Stäbchen in Gelb, 1 Stäbchen in der Streifenfolge *, von * bis * noch 4-mal wiederholen. In den folgenden 9 Runden werden die Blütenblätter in jeder Runde um jeweils 1 Stäbchen schmaler, dementsprechend nehmen die Stäbchen der Streifenfolge zu.

Gleichzeitig die Zunahmen nur innerhalb der Streifenfolge fortsetzen:

8. Runde: Jedes 2. Stäbchen verdoppeln; es werden jetzt jeweils 4 Stäbchen in der Streifenfolge und 19 Stäbchen in Gelb gehäkelt.

9. bis 13. Runde: Jedes 3. Stäbchen verdoppeln; es werden in der 9. Runde jeweils 7 Stäbchen in der Streifenfolge und 17 Stäbchen in Gelb gehäkelt usw.

14. Runde: Jedes 4. Stäbchen verdoppeln.

15. Runde: Jedes 8. Stäbchen verdoppeln.

16. Runde: Ohne Zunahmen arbeiten.

Nun die Abnahmen in der Streifenfolge wie folgt arbeiten:

17. Runde: Jedes 8. Stäbchen überspringen.

18. Runde: Jedes 7. Stäbchen überspringen.

19. Runde: Jedes 6. Stäbchen überspringen.

20. und 21. Runde: Jedes 4. Stäbchen überspringen.

22. Runde: Jedes 11. Stäbchen überspringen.

23. bis 26. Runde: Stäbchen in Schwarz häkeln.

27. Runde: Feste Maschen in Schwarz arbeiten.

Alle Fäden abschneiden und vernähen.

Zum Abschluss Perlen in Weiß und Blau gemäß Foto oder nach Belieben aufnähen.

TIPP

Um die Fäden im Inneren zu verdecken und der Mütze auch noch mehr Stabilität zu geben, kann sie gefüttert werden. Für ein Futter eignet sich zum Beispiel farblich passende Seide oder Taft, aber auch einfacher Baumwollstoff kann eingenäht werden.

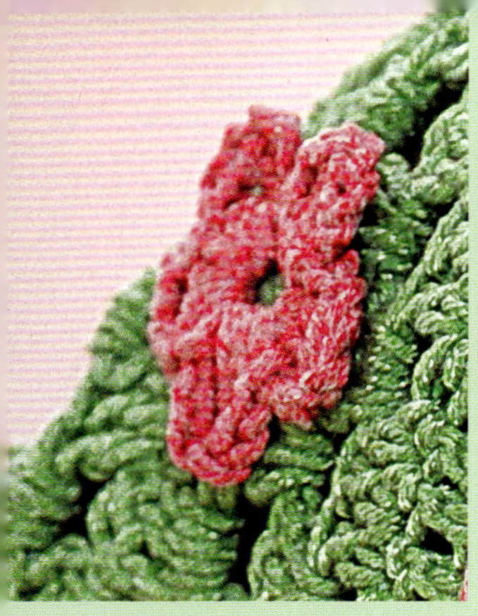

Es dürfen gern ein paar mehr sein, denn Häkelblüten sind leicht zu fertigen

Kopftuch mit Blüten

Größe

Einheitsgröße

Schwierigkeitsgrad

◆

Durch Abnahme auf beiden Seiten entsteht die schöne Dreieckform

Auf in den Frühling

Dieses kesse Kopftuch in modischen Farben macht bei Sonnenschein richtig Lust auf einen Ausflug ins Grüne. Es passt perfekt zu einem Picknick auf einer blühenden Wiese. Die Schmetterlinge werden darauf fliegen!

MATERIAL

- „Baros" von Schachenmayr (40 % Baumwolle, 30 % Polyacryl, 30 % Polyamid, Lauflänge 75 m/50 g): 50 g Grasgrün 70, 50 g Pink 36
- Häkelnadel Nr. 5
- Stopfnadel
- Schere

SO WIRD ES GEMACHT

Als Erstes 63 Luftmaschen häkeln.
1. Runde: 3 Luftmaschen und 1 Stäbchen in jede folgende Masche häkeln.
2. Runde: 3 Luftmaschen, 2 Stäbchen, 1 Luftmasche, * 3 Stäbchen, 1 Luftmasche *, von * bis * fortlaufend wiederholen, mit 3 Stäbchen enden, wenden.
3. und alle folgenden Runden: 2 Luftmaschen, 3 Stäbchen in die erste Luftmasche der Vorreihe häkeln, * 1 Luftmasche, 3 Stäbchen *, von * bis * fortlaufend wiederholen, enden mit 3 Stäbchen.
Wenden, dann wieder 2 Luftmaschen, 3 Stäbchen in die erste Luftmasche der Vorreihe, durch diese Randbearbeitung erscheint in jeder Reihe beidseitig ein Karo weniger.
* 1 Luftmasche, 3 Stäbchen *, von* bis * fortlaufend wiederholen. Die Spitze bilden 3 Stäbchen in der letzten verbleibenden Luftmasche. Mit einer Kettmasche schließen.
Für das Bindeband 50 Luftmaschen anschlagen und mit festen Maschen an der 1. Masche des Kopftuchs anhäkeln, die ganze Reihe bis zum Ende weiterhäkeln. Dann wieder 50 Luft-maschen häkeln und mit festen Maschen die gesamte Länge zurückhäkeln. Faden abschneiden und vernähen.
Für die Blüten 5 Luftmaschen häkeln, mit 1 Kettmasche zum Ring schließen. In diesen Ring 5 Blütenblätter arbeiten. Dafür je 4 Luftmaschen, 1 Doppelstäbchen, 1 Luftmasche, 1 Stäbchen häkeln und mit 1 Kettmasche an den Ring schließen. Dies fünfmal wiederholen, Faden abschneiden und vernähen.

Auf diese Weise neun Blüten fertigen.
Sieben Blüten nach Belieben auf dem Kopftuch anordnen und festnähen, an den Enden der Bindebänder jeweils eine Blüte anbringen.

TIPP

Eine hübsche, wirkungsvolle Idee ist es, entsprechend viele Blüten zu häkeln und damit die Ränder des Kopftuchs einzufassen. Dazu können auch Garnreste in vielen unterschiedlichen Farben verwendet werden. Natürlich können dann auch mehrere Blüten unten an die Bindebänder genäht werden.
Wem die Blüten zu verspielt sind, der kann eine einfachere Variante wählen und farblich passende Häkelspiegel auf das Kopftuch nähen; Häkelspiegel sind in vielen Farben im Bastelbedarf erhältlich.

Damit wird die Mütze perfekt: Einfach ein Schmuckstück eigener Wahl anbringen

Vive la France!

Wer jemals eine Baskenmütze getragen hat, möchte sie nie mehr missen. Es gibt viele Möglichkeiten, sie zu tragen: Mal keck zur Seite, gerade ins Gesicht gezogen oder brav nach hinten, mal edel mit großer Strassbrosche oder feminin mit einer Blume geschmückt.

Baskenmütze

Größe

Kopfumfang 57 bis 59 cm

Schwierigkeitsgrad

◆◆

MATERIAL

- „Piazza" von Fischer Wollversand (100 % Baumwolle, Lauflänge 125 m/50 g): 150 g Pink 7336
- Häkelnadel Nr. 2,5
- Strassbrosche
- Sicherheitsnadeln
- Stopfnadel
- Schere

SO WIRD ES GEMACHT

Eine Fadenschlinge bilden und in diese Schlinge 6 feste Maschen häkeln, dann den Faden fest ziehen.
In der **2. und 3. Runde** jede Masche verdoppeln.
In der **4. Runde** weiter mit festen Maschen häkeln, dabei die 1. Masche der Runde und jede 2. Masche mit einer Sicherheitsnadel oder einem Faden markieren.
In der **5. und jeder folgenden ungeraden Runde** die markierten Maschen verdoppeln, die geraden Runden ohne Zunahmen häkeln.
Nach der **39. Runde** (240 Maschen) bei einem Durchmesser von ca. 28 cm 2 Runden ohne Zunahmen häkeln.
In **42. Runde** mit der Abnahme beginnen, dazu jede Masche vor der markierten auslassen, das in jeder 2. folgenden Runde noch zehnmal wiederholen (108 Maschen).
Für den inneren Umschlag noch dreimal in jeder 2. Runde vor der markierten Masche wieder je 1 Masche zunehmen (144 Maschen).
Faden abschneiden und vernähen.
Nun kann als glitzernder Blickfang noch eine Strassbrosche angesteckt werden.

TIPP

Nach der gleichen Anleitung kann diese Baskenkappe auch in vielen bunten Streifen geringelt oder passend zu Frankreich in Blau-Weiß-Rot gearbeitet werden.

HINWEIS

Wer ebenso gerne filzt wie häkelt, kann eine Baskenmütze für den Winter arbeiten: Die Mütze aus reiner unbehandelter Schafwolle häkeln, dabei aber wenigstens ein Drittel größer arbeiten als dieses Modell. Dann die fertig gehäkelte Mütze nass filzen.

Tolles Zusammenspiel: Kuscheliges Garn in Pelzoptik in frischem, kühlem Hellblau

City-Hut in Hellblau

Größe

Kopfumfang 55 bis 58 cm

Schwierigkeitsgrad

◆

Der Klassiker

Doris Day lässt grüßen – den Pelz- und Tweedkappen der Fünfziger und Sechziger Jahre nachempfunden ist dieser schicke City-Hut. Schlicht, praktisch und schön – wer ihn hat, der will ihn nicht mehr missen.

MATERIAL

- „Dacapo" von Schachenmayr (85 % Polyacryl, 15 % Polyamid, Lauflänge 135 m/50 g): 100 g Bleu 53
- „Extra" von Schachenmayr (100 % Schurwolle, Lauflänge 125 m/50 g): 100 g Rauchblau 3513
- Garn in Kontrastfarbe
- Häkelnadel Nr. 4,5
- Stopfnadel
- Schere
- Hoher Topf o. ä. Gefäß für die Hutform

SO WIRD ES GEMACHT

Der ganze Hut wird mit halben Stäbchen in Spiralrunden ohne Rundenanfang und -ende gehäkelt. Den Rundenübergang dabei jeweils mit einem Faden markieren.

Beide Garne werden zusammen verarbeitet.

4 Luftmaschen anschlagen und mit einer Kettmasche zur Runde schließen.

1. Runde: 8 halbe Stäbchen häkeln.

2. Runde: Jede Masche verdoppeln, d. h. je 2 halbe Stäbchen in 1 Masche arbeiten (16 Maschen).

3. Runde: Jede 2. Masche verdoppeln (24 Maschen).

4. Runde: Jede 2. Masche verdoppeln (36 Maschen).

5. Runde: Jede 3. Masche verdoppeln (48 Maschen).

6. Runde: 48 Maschen häkeln.

7. Runde: Jede 4. Masche verdoppeln (60 Maschen).

8. Runde: Jede 5. Masche verdoppeln (72 Maschen).

9. Runde: Der Hutdeckel hat nun einen Durchmesser von 15 cm. Für die Hutkante 72 Relief-Halbstäbchen arbeiten, dabei stets waagerecht von vorne um das halbe Stäbchen der Vorrunde stechen.

10. bis 17. Runde: 72 Maschen häkeln.

18. Runde: Für die Hutkrempe 72 Relief-Halbstäbchen wie zuvor arbeiten.

19. Runde: Jede 4. Masche verdoppeln (90 Maschen).

20. bis 22. Runde: 90 Maschen häkeln.

23. Runde: Jede 9. Masche verdoppeln (100 Maschen).

24. Runde: 100 Maschen häkeln.

25. Runde: Hut wenden und mit 100 Kettmaschen behäkeln.

Fäden abschneiden und vernähen.

Nun den Hut noch in die richtige Form bringen. Dazu den Hut anfeuchten und über einem passenden Gefäß in Form ziehen und trocknen lassen.

TIPP

Dieser klassische Hut bietet eine Fülle von Variationsmöglichkeiten in der Garn- und Farbgestaltung: Wer es richtig peppig mag, kann den Hut zum Beispiel in einer kräftigen Farbe aus Franseneffektgarn mit Glitzer arbeiten. Wunderschön wirkt er aber auch aus edlem Mohairgarn in Weiß oder Lindgrün.

Zarter Kopfschmuck: In das filigrane Netz werden Perlen eingearbeitet

Haarnetz in Gold

Größe

Kopfumfang 56 bis 60 cm

Schwierigkeitsgrad

◆◆

Glamour-Look

Für das abendliche Event die richtige Kopfbedeckung! Ob Musical, Theater oder Ballett, hier ist das Richtige zum Ausgehen, es verhüllt nicht, sondern hebt die Frisur hervor. Je nach Haarfarbe und Hauttyp kann das Haarnetz auch in Silber angefertigt werden.

MATERIAL

- „Lamé" von Madeira (65% Viskose, 35% Polyester metallisiert, Lauflänge 150 m/25 g): 25 g Hellgold 424
- Perlen in Goldfarbe, Ø 4 mm, 2 Beutel
- Häkelnadel Nr. 2
- Stopfnadel
- Schere

SO WIRD ES GEMACHT

Zuerst die Perlen auf das Garn fädeln, ungleichmäßig verteilen, während des Häkelns immer wieder eine Perle mitnehmen.
Nach der Häkelschrift beginnen.

10. Runde: * 10 Luftmaschen und 1 feste Masche * häkeln, von * bis * fortlaufend wiederholen.

11. Runde: * 11 Luftmaschen und 1 feste Masche * häkeln, von * bis * fortlaufend wiederholen.

12. Runde: * 12 Luftmaschen und 1 feste Masche * häkeln, von * bis * fortlaufend wiederholen.

13. Runde: * 13 Luftmaschen und 1 feste Masche * häkeln, von * bis * fortlaufend wiederholen.

14. Runde: * 14 Luftmaschen und 1 feste Masche * häkeln, von * bis * fortlaufend wiederholen.

15. Runde: * 15 Luftmaschen und 1 feste Masche * häkeln, von * bis * fortlaufend wiederholen.

16. Runde: * 10 Luftmaschen und 1 feste Masche * häkeln, von * bis * fortlaufend wiederholen.

17. Runde: Feste Maschen häkeln, dabei 10 Maschen in die Luftmaschenbögen und 1 in die feste Masche der Vorrunde.

18. Runde: * 15 Luftmaschen und 1 feste Masche * häkeln, von * bis * fortlaufend wiederholen. Für die Pikotspitzen in die Mitte der Luftmaschenreihe (8. Masche) 3 Luftmaschen mit 1 Kettmasche in die erste der 3 Luftmaschen zurückhäkeln.

19. Runde: * 7 feste Maschen und 5 Luftmaschen häkeln, in die 1. Luftmasche des Luftmaschenbogens der Vorrunde 1 feste Masche * häkeln, von * bis * fortlaufend wiederholen.

20. Reihe: * 20 Luftmaschen, 1 feste Masche *, von * bis * fortlaufend wiederholen, die feste Masche immer in die Bogenspitze der Vorrunde häkeln, dabei die 3 vorderen Mustersätze für das Gesichtsfeld aussparen.

21. Reihe: * 10 feste Maschen, 5 Luftmaschen, 1 feste Masche in die 1. Luftmasche (Bogenspitze) *, von * bis * fortlaufend wiederholen.

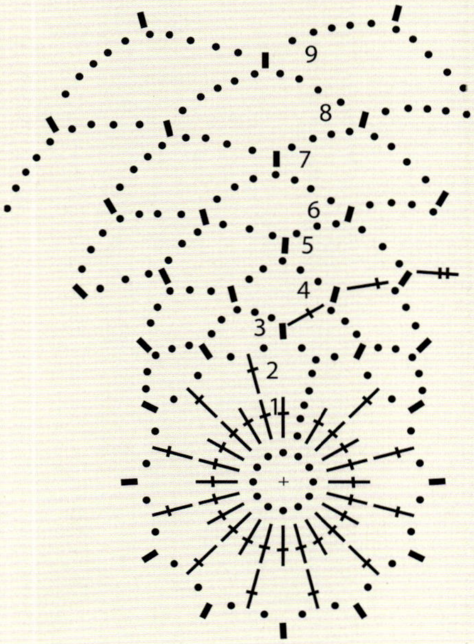

Zeichenerklärung:

- • **Luftmasche**
- ▮ **feste Masche**
- † **Stäbchen**
- ‡ **Doppelstäbchen**

Auf der schlichten Form kommt die geometrische Zeichnung gut zur Geltung

Afrikanische Impression

Die warmen Farben und das einfache Muster zaubern einen Hauch von Afrika. Dieses Modell steht nicht nur ihr sehr gut, es eignet sich auch für mutige Männer, denn in Afrika wird es vorwiegend von Männern getragen!

Ethno-Kappe

Größe

Kopfumfang 55 bis 56 cm

Schwierigkeitsgrad

◆◆

MATERIAL

- „Catania" von Schachenmayr (100 % Baumwolle, Lauflänge ca. 125 m/50 g): 50 g Mandarine 209, 50 g Haselnuss 188, 50 g Rotbraun 210, 50 g Marone 157 und 50 g Weinrot 192
- Häkelnadel Nr. 2,5
- Stopfnadel
- Schere

SO WIRD ES GEMACHT

In der Mitte mit Mandarine beginnen, eine Fadenschlinge bilden und 6 feste Maschen in die Schlinge häkeln, die Schlinge zusammenziehen. Schneckenförmig weiterarbeiten, dabei ganz nach Belieben Runden in Haselnuss und Rotbraun einfügen.

In den ersten 3 Runden die Maschen jeweils verdoppeln. In den weiteren Runden so zunehmen, d. h. die Maschen verdoppeln, dass sich die Häkelarbeit weder wölbt noch wellt.

Wenn ein Durchmesser von 17 cm erreicht ist, eine Kettmasche in die nächste feste Masche häkeln. Nun wird in Runden ohne Zunahme weitergehäkelt. Hierzu 2 Luftmaschen häkeln und in der 1. Runde nur in die hintere Hälfte der Maschen einstechen. Die Runden mit einer Kettmasche beenden.

In der 5. Runde mit dem Muster beginnen, siehe hierzu die Zeichnung. Nach dem Muster noch eine Runde in der Grundfarbe arbeiten.

Die Kappe mit einer Reihe Krebsmaschen, d. h. feste Maschen von links nach rechts gehäkelt, beenden.

Für den Zipfel oben auf der Kappe Luftmaschen in Rotbraun anschlagen, ca. 7 cm, und 3 bis 4 Reihen feste Maschen häkeln. Faden abschneiden, durchziehen und gleich mit diesem Faden den doppelt gelegten Streifen als Zipfel annähen.

TIPP

Wem das farbige Muster zu aufwändig ist, der häkelt einfach eine einfarbige Kappe und stickt das Muster mit Wolle auf. Eine weitere Variante wäre, ein beliebiges Muster aufzunähen, zum Beispiel ein Band im Zickzackmuster, farblich passende Pailletten, Strass oder Perlen.

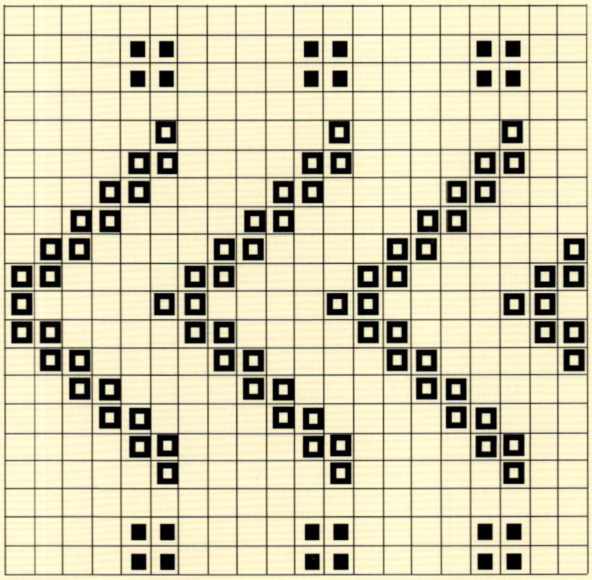

24. Runde

5. Runde

□ weinrot

■ dunkelbraun

Hellgrau umrahmt kommt die dunkelblaue Häkelblüte besonders gut zur Geltung

Abendkappe

Größe

Kopfumfang 54 bis 60 cm

Schwierigkeitsgrad

◆◆◆

Charleston-Look

Ein Hauch von Glamour und Luxus umgibt die zeitlos schöne Abendkappe im Stil der „Roaring Twenties". Metallisiertes Garn sorgt für Glitzereffekte. Dieses Modell ist der perfekte Begleiter für Partygänger und Nachtschwärmer.

MATERIAL

- „Nora" von Madeira (80 % Viskose, 20 % metallisiertes Polyester, Lauflänge 100 m/25 g): 25 g Blau 338 und 25 g Silber 342
- Häkelnadel Nr. 2,5 bis 3
- Stopfnadel
- Schere

SO WIRD ES GEMACHT

Grundmuster dieser Kappe sind feste Maschen, dabei beginnt jede Runde mit 1 Luftmasche als Ersatz für die 1. Masche und endet mit 1 Kettmasche an die Ersatzluftmasche.
5 Luftmaschen in Blau anschlagen und mit einer Kettmasche zur Runde schließen.
Im Grundmuster 39 Runden arbeiten, dabei verteilt so zunehmen, dass nach 8 Runden 66 Maschen, nach 17 Runden 130 Maschen, nach 39 Runden 147 Maschen vorhanden sind.
Für eine Blüte 6 Luftmaschen in Blau anschlagen, mit 1 Kettmasche zum Ring schließen und gemäß Häkelschrift arbeiten. Die 1. und 2. Runde in Blau, die 3. und 4. Runde in Silber häkeln. Auf diese Weise sieben Blüten fertigen und wie in der Häkelschrift eingezeichnet mit Kettmasche an das vorherige Motiv anschlingen. Das letzte Motiv auf die gleiche Weise mit dem ersten verbinden.
Am Innenrand des entstandenen Blütenrings gemäß Häkelschrift bei A an einem Motiv in Blau anmaschen und 1 Runde Stäbchen arbeiten, dabei mit Kettmaschen an die letzte Runde des Grundmusters anschlingen. An den Außenrand gemäß Häkelschrift bei B an einem Motiv in Blau anmaschen und 1 Runde Stäbchen arbeiten (147 Maschen). Die nächste Runde wie folgt häkeln: * 3 feste Maschen, in die folgende Masche 1 feste Masche und 2 halbe Stäbchen und 1 feste Masche *, von * bis * wiederholen, bei der letzten Wiederholung nur noch 2 feste Maschen arbeiten, damit das Muster aufgeht. Mit 1 Kettmasche in die Anfangsmasche beenden. Fäden vernähen.

TIPP

Wer Blüten und Kappe in einer Farbe häkeln möchte, kann anschließend durch Aufnähen von verschiedenfarbigen Strasssteinen ganz besondere Effekte erzielen.

Zeichenerklärung:
1 Blüte
▪ Luftmasche
ı feste Masche
† Stäbchen
⌒ Kettmasche

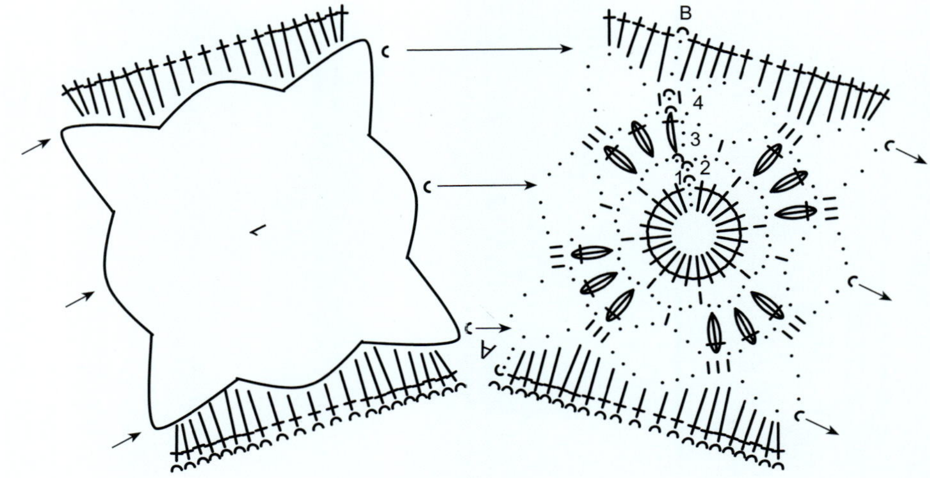

Das richtige Maß finden

Hut und Mütze machen nur dann Freude, wenn sie der Trägerin oder dem Träger auch wirklich gut passen. Hier gilt es, Maß zu nehmen – aber richtig!

Kopfumfang

In Deutschland und anderen deutschsprachigen Ländern, so wie auch in diesem Buch, wird die Hutgröße, d. h. der Kopfumfang, in Zentimetern angegeben. So bedeutet die Hutgröße 57 für den Träger einen Kopfumfang von 57 cm, das ist recht einfach. In England und Amerika wird hingegen der Kopfdurchmesser angegeben und nicht in Zentimetern, sondern in Inches (1 Inch = 2,54 cm) gemessen.

Maßnehmen am Kopf

Beim Maßnehmen des Kopfumfanges wird das Maßband über Stirn und Hinterkopf um den Kopf gelegt und abgelesen (siehe Abbildung A). Frauen sollten beim Ausmessen noch ihre Haare berücksichtigen, d. h. sie sollten vor der Anfertigung einer Mütze oder eines Hutes bedenken, welche Frisur sie bevorzugt tragen. Zur Sicherheit sollte die Kappe oder der Hut lieber etwas größer gearbeitet werden, da die Kopfbedeckung in vielen Fällen mit Hutband oder Ähnlichem kleiner gemacht werden kann. Auch sollten Hut oder Mütze nie zu eng sitzen, das sieht nicht schön aus und Druckstellen und Kopfschmerzen können die Folge sein. Beachtet werden sollte bei der Hut- und Mützenform außerdem, ob und wie weit Hut oder Mütze ins Gesicht gezogen werden sollen. Es empfiehlt sich deshalb auch die Kopfhöhe zu messen.
Die Kopfhöhe wird von der Kopfmitte bis zum Ohr gemessen (siehe Abbildung B).

Maßnehmen an Hut oder Mütze

Eine selbst gemachter Hut oder eine selbst gemachte Kappe ist ein wunderschönes, individuelles Geschenk. Wer eine Mütze anfertigen und verschenken möchte, jedoch durch Erfragen des Kopfmaßes die Überraschung nicht verderben möchte, kann auch sehr gut an einem vorhandenen Hut oder einer vorhandenen Mütze Maß nehmen.

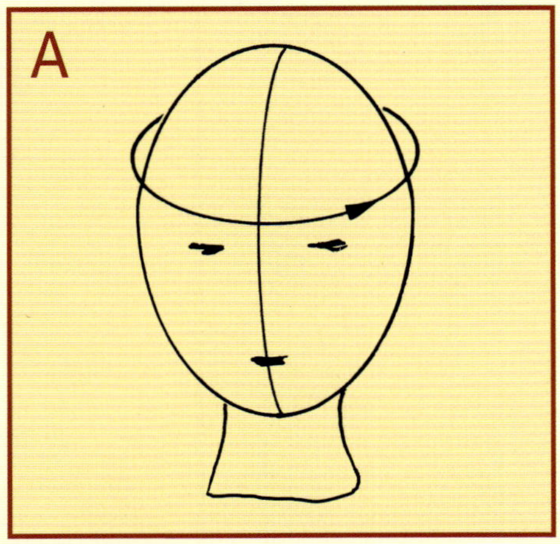

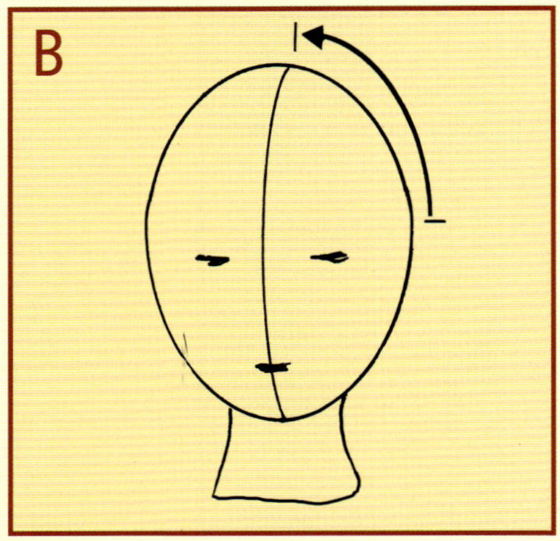

Die als Muster ausgewählte Kopfbedeckung sollte der Trägerin bzw. dem Träger gut passen. Als Erstes misst man den Umfang innen für die Kopföffnung, das ist das wichtigste Maß.
Anschließend wird die seitliche Höhe des Kopfteils und der obere Durchmesser ausgemessen.
Soll die Krempe das gleiche Aussehen bekommen wie am Muster, wird vorne, hinten und seitlich die Breite gemessen sowie sicherheitshalber noch der gesamte Umfang. Vielleicht findet man auch jemanden der eine ähnliche Kopfform hat, um Maß zu nehmen.
Wer keine Mütze als Muster zur Hand hat, kann dennoch ein überraschendes Geschenk arbeiten: Einfach eine sehr dehnbare Kappe oder ein Kopftuch häkeln.

Klassische Hutformen

Hutformen gibt es viele, nachfolgend nur einige der bekanntesten. Hauptsächlich sind sie für Frauenköpfe gedacht, in modernen Varianten eignen sich verschiedene auch für beide Geschlechter.

1. Die Baskenmütze: Ursprünglich als Wollmütze der Basken von Frankreich aus verbreitet worden. Sie kann schräg wie gerade getragen werden, manchmal auch ballonartig.

2. Das Barett: Hierbei handelt es sich um alte Hutform aus dem Mittelalter, zumeist rund und flach aus Wollfilz. Das Barett wird in verschiedenen Armeen zur Uniform getragen, wie auch von Richtern und anderen Amtsträgern.

3. Die Baseballkappe: Sie wird gern von allen Altersgruppen getragen, ist meist aus buntem festen Stoff genäht und wird auch oft als Werbeträger verwendet.

4. Der Aufschlaghut: Dies ist eine Hutform mit vielen Variantionsmöglichkeiten, die Krempe kann mal schmaler, mal breiter sein oder auch unterschiedlich am gleichen Hut und sie kann mal mehr oder weniger aufgeschlagen werden.

5. Der Topf- oder auch Glockenhut: Die Krempe ist wie bei einer Glocke nach unten geschlagen und verdeckt auch gern große Teile des Gesichts. In den Zwanziger Jahren wurde er gerne als etwas schmalerer Topfhut getragen.

6. Der Cowboyhut: Diese Form hat meist sehr breite Krempen, die seitlich aufgeschlagen sind, und eine eingekniffene Falte am Oberkopf. Ursprünglich wurde der Cowboyhut als Arbeitshut zum Schutz gegen Sonne und Regen getragen.

7. Die Kappe: Sie kennzeichnet sich durch eine fast mützenähnliche, eng am Kopf anliegende Form ohne Krempe, ein Umschlag kann aber möglich sein.

8. Die Pillbox: Dieser krempenlose Hut ist von einer runden Form, ähnlich einer Pillendose, daher der Name. Der Rand ist gerade und der Oberkopf flach. Sie wird manchmal mit einem Halbschleier kombiniert, der über dem Gesicht getragen wird.

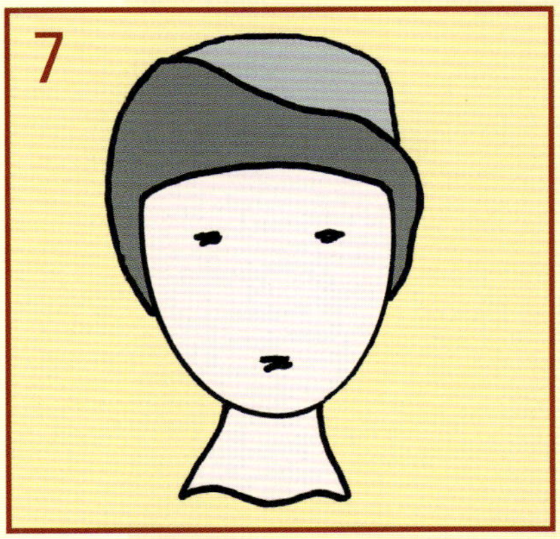

Der Hut für Ihr Gesicht

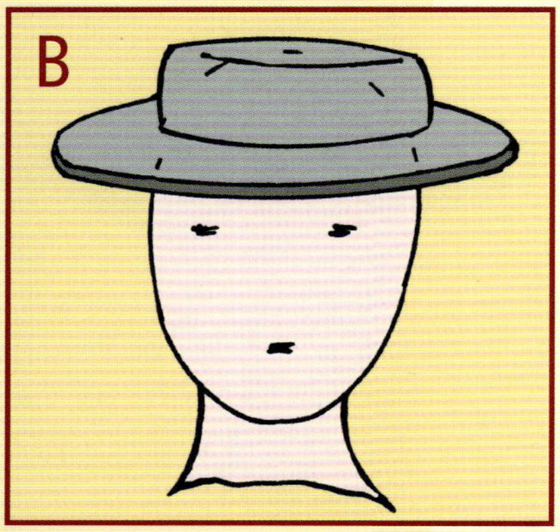

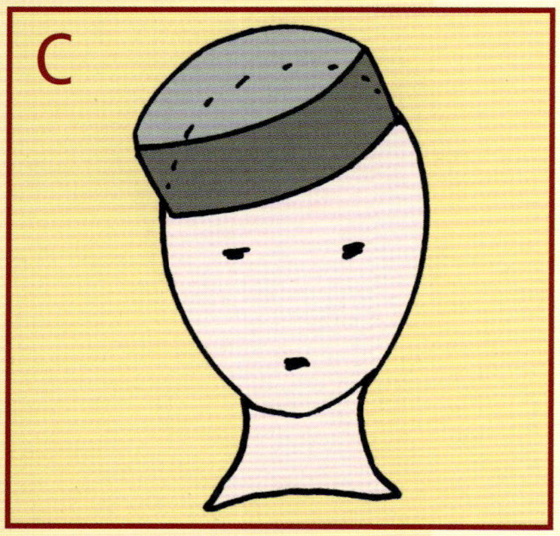

Nicht zu jeder Gesichtsform passt die gleiche Kopfbedeckung, eine Hutform eignet sich mehr für ein langes Gesicht, eine andere für ein eckiges – hier ein paar Hut-Empfehlungen für die verschiedenen Gesichtsformen.

A. Schmale Gesichtsform: Hier eignet sich z. B. eine Baskenmütze, leicht schräg aufgesetzt. Extrem große Krempen und sehr hohe voluminöse Hüte vermeiden.
B. Lange Gesichtsform: Ein flacher Hut der die Stirn verkürzt und den Kopf nicht noch länger werden lässt, ist hier optimal.
C. Ovale Gesichtsform: Zu diesem Gesicht passen die meisten Hüte, ein großer Damenhut ebenso wie ein eleganter Herrenhut oder eine flotte Pillbox.
D. Runde Gesichtsform: Ein hoher Hut streckt das Gesicht, ein flacher lässt das Gesicht breiter wirken. Eng anliegende Mützen und Kappen sollten vermieden werden, sie machen das Gesicht noch runder.
E. Eckige Gesichtsform: Ein großer Hut kaschiert hier gut. Asymmetrische Krempen oder Krempen, die keck zur Seite gebogen werden, lenken von zu harten Zügen ab. Kleine Hüte sind hier unvorteilhaft.
F. Breite Gesichtsform: Wie auch beim runden Gesicht, ist eine hohe Hutform günstiger. Der Hut sollte auch mal schräg zur Seite aufgesetzt werden.
G. Herzförmige Gesichtsform: Ein weiteres „Hutgesicht" – hier passt wie beim ovalen Gesicht ebenfalls fast jede Form; auch gewagtere Modelle mit ungewöhnlichen Krempen können getragen werden.
H. Wie es nicht aussehen sollte: Ein breites Gesicht wirkt mit einem zu kleinen Hut noch breiter.

HINWEIS

Es gilt stets zu beachten: Der Hut sollte nie zu klein oder zu groß sein, das wirkt selbst beim besten „Hutgesicht" nicht. Auch sollte ein großer Hut nicht von kleinen zierlichen Frauen getragen werden, er erdrückt nur. Der Hut sollte auch zur Figur passen.

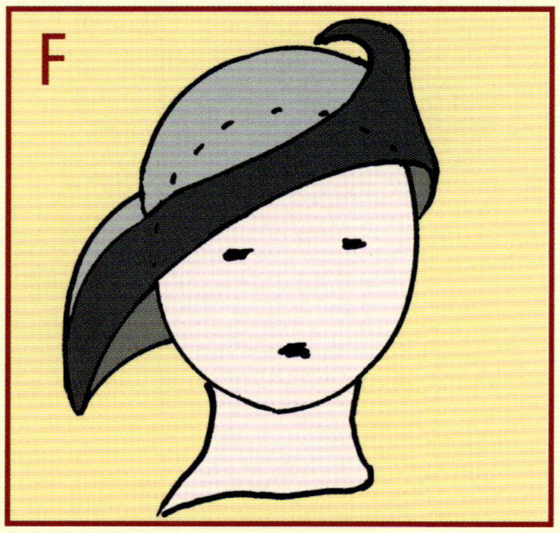

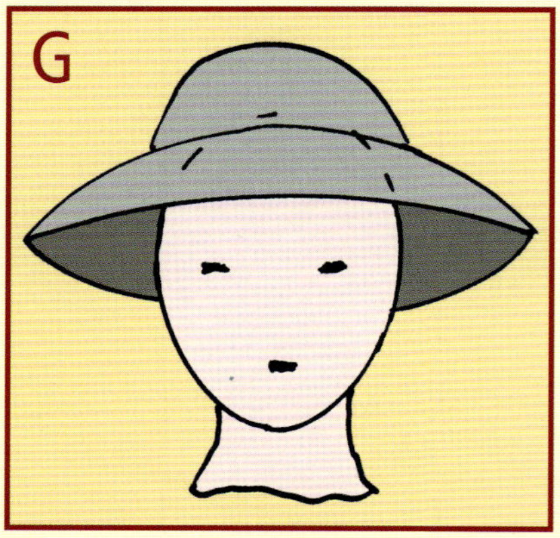

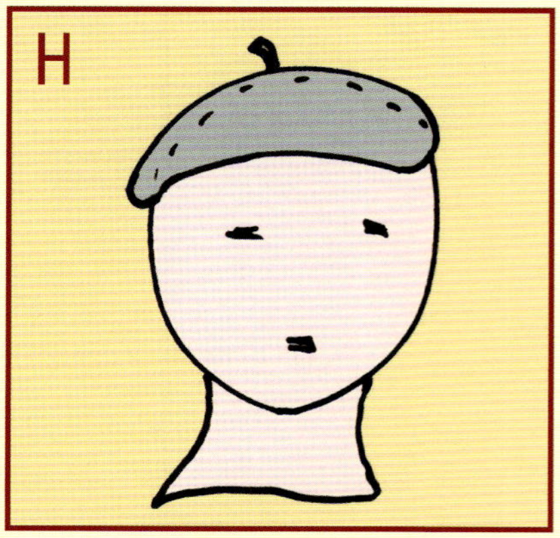

Die perfekte Farbwahl

Ein schönes Gesamtbild entsteht nur, wenn Hut oder Mütze farblich zum Träger passen, d. h. mit Haut- und Haarfarbe der Trägerin harmonieren. Deshalb sollte man die Farben sorgfältig und dem eigenen Typ entsprechend auswählen.

Es gibt unendlich viele Farbtöne. Man kann sie aber relativ einfach bestimmen, indem man nach warmen und kalten Farbtönen unterscheidet. Farben, die zu Rot oder Gelb tendieren, sind warme Farbtöne. Ein gelbliches Rot hat z. B. einen warmen Farbcharakter, das Rot wirkt kühl, wenn es zu Blau tendiert.
Die gebräuchlichste Form Farbtypen zuzuordnen ist die Vier-Jahreszeiten-Methode. Dabei wird die Person nach ihrem äußeren Erscheinungsbild einer Jahreszeit zugeordnet. Hier entscheiden nicht die Lufttemperaturen der Jahreszeiten – der Sommer- wie der Wintertyp bevorzugt z. B. die kalten Farbtöne –, sondern die Farbnuancen der Natur. Da in jeder Jahreszeit eine gewisse farbliche Grundstimmung herrscht, werden alle Farben der einzelnen Kleidungsstücke harmonisch aufeinander abgestimmt. Darin passen alle Farben zusammen, weil die Grundstimmung der Nuance dieselbe ist. Dies kann auf die Farbberatung angewendet werden. Wenn ein Gesicht (Haare, Augen, Haut) eine warme Farbtönung hat, ist es demnach gut die Kleidung in warmen Farben zu wählen. Wenn ein Gesicht eine klare Ausstrahlung hat, wäre es unvorteilhaft warme Farben zu tragen, weil dies wiederum die Haut blass erscheinen lässt.

Frühlingstyp

Der Frühlingstyp hat eine helle „warme" Augenfarbe, die Haare sind goldblond oder von einem warmen Braun, der Hautton ist eher hell und zart.
Frühlingstypen sollten grundsätzlich warme Farben kombinieren. Kräftige Farben und zu große Kontraste zerstören die natürliche Ausstrahlung des Frühlingstyps. Alle Farben mit einem roten oder gelben Ton eignen sich am besten, sollten aber pastellig abgetönt sein, d. h. die Farben sollten einen hohen Weißanteil haben.

Sommertyp

Der Sommertyp hat blaue oder grüne Augen, die Haare sind von einem kühleren Blond oder brünett mit einem aschfarbenen Unterton, die Haut wirkt rosa schimmernd.
Sommertypen sollten kühle Farben bevorzugen. Blaustichig sollten sie sein und nicht zu dunkel, denn dunkle Stoffe „saugen" helle Teints in sich auf. Helle und kühle Töne ergeben eine schöne Grundstimmung und lassen die Haut ebenmäßiger erscheinen.

Herbsttyp

Die Augen des Herbsttyps sind von eher dunklem Braun oder Grün, die Haare sind dunkel mit einem warmen Ton, auch ins Rötliche gehend, die ist Haut eher cremefarbig oder ins Pfirsichfarbene tendierend. Herbsttypen unterstreichen am besten mit sehr warmen und kräftigen Farben ihre Ausstrahlung. Ein kräftiges Rot in allen Kombinationen ist ideal für sie, es sollte allerdings nicht ins Blau tendieren.

Wintertyp

Der Wintertyp ist von starken Kontrasten geprägt, die Augen gehen ins Eisblaue oder sind von einem kräftigen Grün oder Braun, die Haare sind schwarz mit Blaustich oder auch platinblond, die Haut ist sehr hell und von einem ebenmäßigen Farbton.
Wintertypen sind der einzige Farbtyp, der mit den Kontrasten spielen kann. Ihre klare Ausstrahlung wird durch einen Hell-Dunkel-Kontrast in der Kleidung unterstrichen. Alle blaustichigen Farbtöne betonen vorteilhaft ihr Erscheinungsbild. Warme Töne sollten hingegen vermieden werden, diese zerstören die Gesamtharmonie.

Garne & Co.

Das Garn will gut gewählt sein. Hier ist zu bedenken, zu welchen Anlässen die Kopfbedeckung getragen werden soll, in welcher Jahreszeit, und ob das Garn zur Hut- bzw. Mützenform passt.
Bei der Auswahl von passenden Accessoires sind der Kreativität keine Grenzen gesetzt, sie betonen den ganz eigenen Stil der Trägerin.

Garnauswahl

Bei der Garnauswahl sollte bedacht werden, welchem Zweck die Kopfbedeckung, also Hut oder Kappe, dienen soll. Ein schweres Garn macht im Sommer keinen Sinn. Für einen leichten Sommerhut eignen sich alle feinen Baumwollgarne oder auch die modernen Mischgarne, wie sie bei den hier im Buch präsentierten Modellen zur Verwendung kamen.
Baumwollgarn verarbeitet wirkt gleichmäßig glatt und bekommt einen zarten Schimmer.
Baumwollmischgarn bekommt durch die Beimischung von Kunstfasern mehr Volumen, ohne dabei schwerer zu werden.
Mit **Effektgarnen** können schöne Details gearbeitet werden, z. B eine glänzende Blume oder ein glitzerndes Band.
Zur Abend- oder Partygarderobe lassen sich gut **Metallic-Garne** wie Lurex mit anderen Garnen kombinieren.
Mit **Franseneffektgarnen** werden die Arbeiten pelzartig, sie eigenen sich auch gut um Ränder oder Krempen zu betonen.
Glanzgarne aus Microfaser eignen sich hervorragend zum Häkeln, Muster kommen damit besonders gut zur Geltung.
Bändchengarne gibt es mittlerweile in vielen verschiedenen Ausführungen, sogar mit Durchbrüchen, gut für sommerliche Arbeiten geeignet.

Accessoires

Perlen können, bevor es losgeht, aufgefädelt und dann mitgehäkelt werden oder auch auf das fertige Modell aufgestickt werden.
Große Federn kann man einfach aufstecken oder annähen.
Farbige **Satinbänder** in unterschiedlichen Breiten können einfach durch Maschen gezogen, eingehäkelt oder auch als Hutband aufgenäht werden.
Strassbroschen oder auch einzelne Steine peppen jeden Hut oder jede Kappe auf und machen daraus ein Ausgehmodell für den Abend. Aber auch mit einer einfachen **Stoffblume** kann man einem Hut mehr Pfiff verleihen.
Knöpfe in besonderer Form und Größe oder mit Garn umhäkelt geben Hut oder Kappe eine persönliche Note.

Grundkurs Häkeln

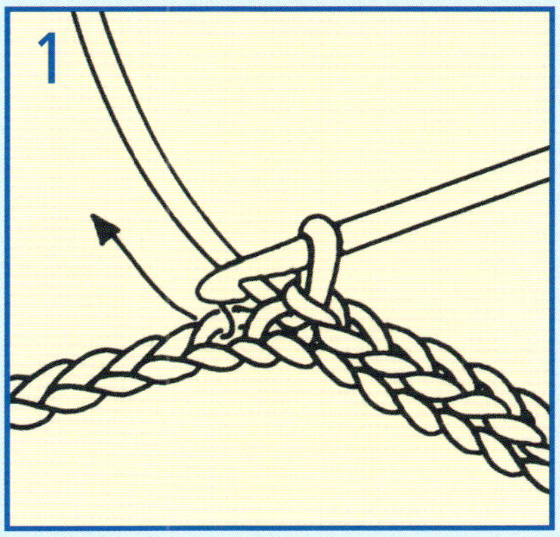

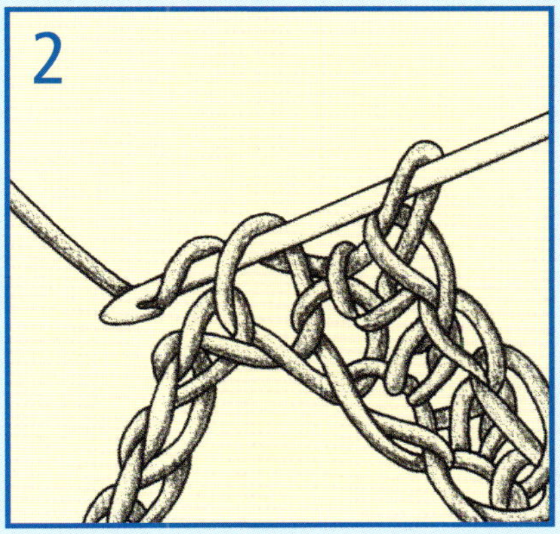

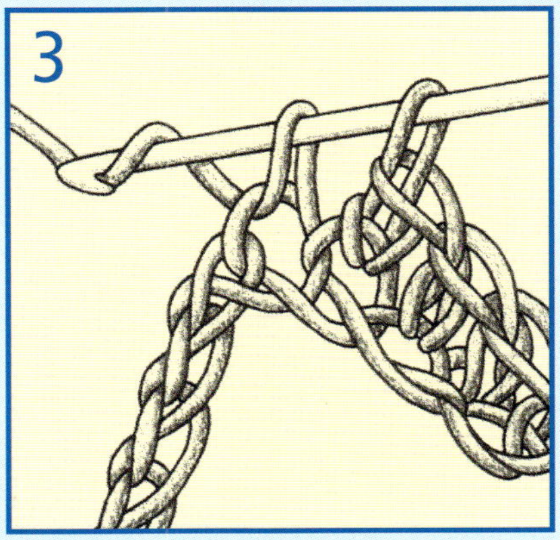

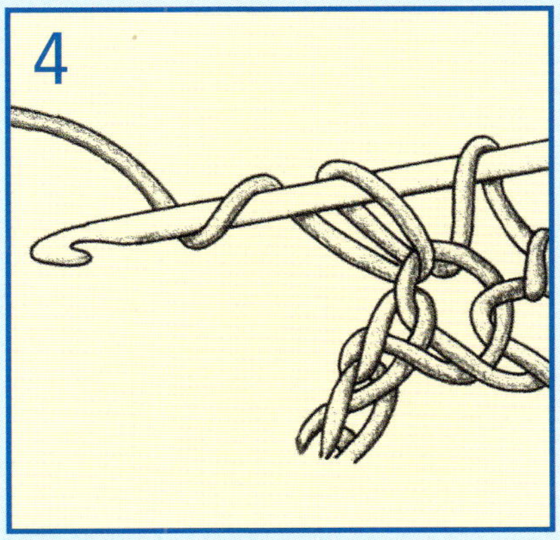

Zum Häkeln benötigt man nur eine Häkelnadel und einen Faden, dann kann es schon losgehen.

Begonnen wird immer mit einem Luftmaschenanschlag. Dafür zuerst eine Anfangsschlaufe bilden, einen Umschlag auf die Nadel nehmen und den Faden durch die Anfangsschlinge ziehen: Es entsteht eine Luftmasche. Um eine Luftmaschenkette zu erhalten, wiederholt man diesen Vorgang so oft wie gewünscht.

1. Kettmasche:
Mit der Häkelnadel in die Masche stechen, den Faden holen und in einem Schritt durch die eingestochene und die auf der Nadel befindliche Masche ziehen.

2. und 3. Feste Masche:
Mit der Häkelnadel in die Masche stechen, den Faden mit dem Haken holen durch die eingestochene Masche ziehen. Jetzt liegen zwei Maschen auf der Nadel, durch diese in einem Schritt, den neu geholten Faden ziehen, so dass wieder nur eine Masche auf der Nadel liegt.

4. Halbes Stäbchen:
Den Faden einmal um die Nadel schlingen, in die unten liegende Masche stechen, den Faden holen, durch die Schlinge ziehen. Nun wieder Faden holen und durch alle drei Schlingen ziehen.

5. und 6. Einfaches Stäbchen:
Den Faden einmal um die Nadel schlingen, in die unten liegende Masche stechen, den Faden holen, es liegen drei Maschen auf der Nadel, wieder Faden um die Nadel schlingen, durch die Masche und den Umschlag ziehen. Es liegen zwei Maschen auf der Nadel, durch diese beiden wiederum in einem Schritt, den neu eingeholten Faden ziehen.

7. Doppelstäbchen:
Den Faden zweimal um die Nadel schlingen, in die unten liegende Masche stechen, den Faden holen und durch die Schlinge ziehen. Nun abmaschen, indem viermal ein Faden durch je zwei Schlingen gezogen wird.

8. Rund häkeln:
Wird nur wenig zugenommen, bildet sich eine gewölbte Form. Wird gleichmäßig zugenommen, entsteht eine runde, flache Form.

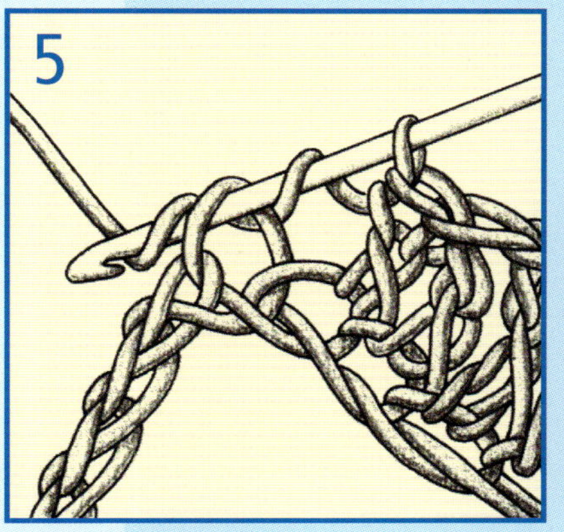

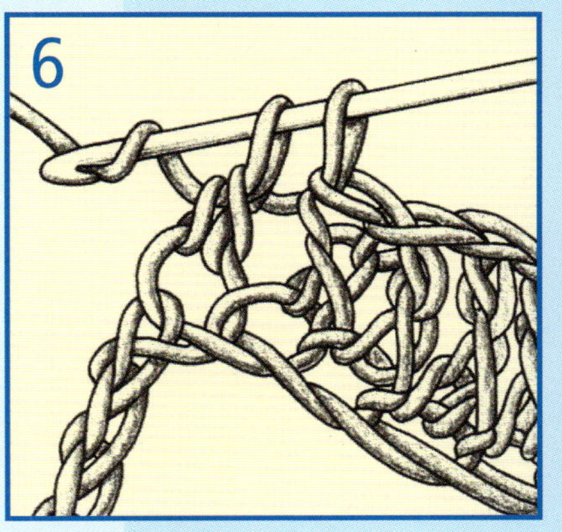

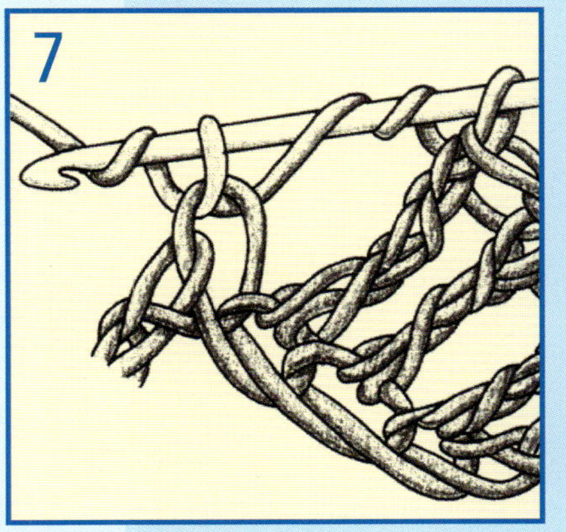

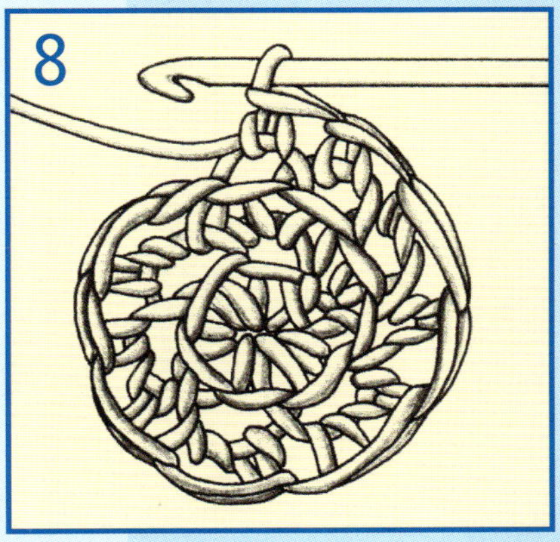

Impressum

Entwürfe und Realisation:
Albina Buchter (Seite 19),
Coats/Schachenmayr (Seite 7, 13, 33),
Sabine Berlipp (Seite 9),
Uschi Huber (Seite 24/25),
Corinna Kastl-Breitner (Seiten 11, 23, 31, 35, 37),
Madeira (Seite 39),
Ursula Marxer (Seiten 15, 17),
Neumann/Grehl (Seite 21),
Sabine Ruf (Seite 27),
Elisabeth Schenk (Seite 29)
Redaktion:
Anke Sturm
Lektorat und Fachkorrektur:
Regina Sidabras
Fotos:
Bernd Emmerling (Seite 21),
Christine Rosinski (Seiten 9, 17),
Coats Design (Seite 13),
Peter Münnich (Seiten 11, 15, 19, 23, 29, 31, 33, 35, 37), P. Obermüller (Seiten 25, 39)
Styling:
Eva Müller (Seite 21), C. Oesterle (Seite 25), Claudia Rittich (Seite 9), Marliese Vogt (Seite 15), A. Werner (Seite 39), Cornelia Wind (Seite 17)
Zeichnungen:
Corinna Kastl-Breitner (Seiten 40-43)
Häkelschriften:
Corinna Kastl-Breitner (Seiten 10, 34, 36),
Sabine Schidelko (Seite 18)
Umschlaggestaltung:
Christiane Kölble
Layout:
Dieter Richert, Freiburg/Köln;
Heyde Design, Isabell Rinner, Rheinfelden
Reproduktion:
Baun PrePress, Fellbach
Druck und Bindung:
Printer Portuguesa, Mem Martins, Portugal

ISBN-10: 3-89858-832-7
ISBN-13: 978-3-89858-832-4
(gültig ab 1.1.2007)

Danksagung

Die Autorinnen danken ganz herzlich für die freundliche Unterstützung der Firmen:

- Austermann Vertriebs-GmbH, Süssen, www.austermann-wolle.de;
- Fischer Wollversand, Babenhausen, www.fischer-wolle.de;
- Junghans-Wolle, Aachen, www.junghanswolle.de;
- Madeira, Freiburg www.madeira.com;
- ONline Klaus Koch GmbH & Co. KG, Stadtallendorf, www.online-garne.de;
- Schachenmayr und Gedifra über Coats GmbH, Salach www.coatsgmbh.de
- Schoeller + Stahl über Schoeller Süssen GmbH, Süssen, www.schoeller-und-stahl.de,